두레박

© 2005 Hae-In Lee

A WELL BUCKET
An Anthology of Sister Lee

Benedict Press, Waegwan, Korea

두레박
1986년 4월 초판
2005년 5월 신정판 (51쇄)
2016년 10월 55쇄
ⓒ 지은이 · 이해인 ǀ 펴낸이 · 박현동

분도출판사
등록 · 1962년 5월 7일 라15호
39889 경북 칠곡군 왜관읍 관문로 61
출판사업부 · 전화 02-2266-3605 · 팩스 02-2271-3605
인쇄사업부 · 전화 054-970-2400 · 팩스 054-971-0179
www.bundobook.co.kr
ISBN 978-89-419-0512-7 03810
값 11,000원

* 신저작권법에 따라 보호를 받는 저작물이므로 무단 전재와 무단 복제를 금합니다.

두레박

이해인

분도출판사

序
우물가의 사마리아 여인처럼

— 요한 복음 4장을 읽고

'야곱의 우물'에서 물을 긷던
사마리아 여인에게 당신이 하신 것처럼
주님, 제게도 당신이 먼저
한 잔의 물을 청하시듯
조용히 말을 건네 오시렵니까
저는 죄인이기에
용기가 부족함을 당신은 아시오니 —

제가 누구인지
당신이 누구신지
우리의 만남이 무엇을 의미하는 것인지
오늘도 직접 당신께 듣고 싶사오니
어서 말씀하여 주소서

언제나 일상日常의 우물가에서
작고 초라한 두레박으로
당신께 물을 길어 드린 저에게
이제는 두레박 없이도 물 긷는 법을
거듭 깨우쳐 주시렵니까
당신이 깊고 맑은 우물 자체로
제 곁에 서신 순간부터

저의 매일은 새로운 축제입니다
긴 세월 고여 왔던 슬픔과 목마름도
제 항아리 속의 물방울처럼
일제히 웃음으로 춤추며 일어섭니다

당신을 만난 기쁨이 하도 커서
제가 죄인임을 잠시 잊더라도
용서해 주시겠지요?
주님, 당신을 사랑하는 기쁨은
참으로 감출 수가 없습니다

물동이를 버려 두고 동네로 뛰어나간
우물가의 사마리아 여인처럼
저도 이제는 더 멀리 뛰어가게 하소서
더 많은 이들을 당신께 데려오기 위하여
그리고
생명의 물 이야기를 하기 위하여 ―

1986. 1 「생활성서」

차례

序 : 우물가의 사마리아 여인처럼 … 5
책 머리에 … 10

기도 일기

기도 일기 1 / 긴 두레박을 하늘에 대며 … 14
기도 일기 2 / 하찮은 일도 기도의 샘물에 … 20
기도 일기 3 / 담백한 물빛 사랑만이 … 25
기도 일기 4 / 겨울나무의 마음으로 … 32
기도 일기 5 / 삶의 층계에서 별을 안고 … 39
기도 일기 6 / 미나리 빛깔의 희망을 … 44
기도 일기 7 / 일상의 길목에서 … 52
기도 일기 8 / 나의 소망이 빗방울처럼 … 56
기도 일기 9 / 이 소중한 삶을 … 60
기도 일기 10 / 작은 순례자의 기도 … 66
기도 일기 11 / 진주를 발견한 기쁨으로 … 71

열매를 위한 꽃처럼

그와 내가 다른 점은 … 78
겸손의 큰 우물을 파리라 … 82

시를 읽는 기쁨 … 86
내 발걸음 이끄시어 … 90
기쁨이 자라나는 방 … 94
말의 사원을 청정하게 … 98
봄빛 터지는 소리 … 102
기쁨과 감사의 직물을 짜며 … 107
나눔의 기쁨 … 111
막시밀리안 콜베 신부님 … 115
열매를 위한 꽃처럼 … 120
오늘을 마지막인 듯이 … 124
몽당연필 … 128
민들레의 연가 … 131
삶의 봄은 만들어야 … 137
고마움, 놀라움, 새로움에 눈뜨는 삶을 … 142
'조금'의 보석이 뿜어내는 행복 … 147
아름다운 말을 위한 기도 … 152
마음의 밭이랑에 물을 대는 기쁨 … 160
사랑의 빚쟁이로서 … 166
예수님을 입은 여인 … 171
오빠 같은 길동무 … 175
세모歲暮의 창가에 서서 … 178
사랑과 시간 … 185
기쁨 찾는 기쁨 … 188
나의 성탄 기도 … 191
또 한 번의 새해에 … 194

불치의 병은 사랑 … 197
병원에서 … 201
버스를 타면 … 204
6월엔 내가 … 207
바다의 선물 … 210
식사 시간의 의미 … 213
아름다운 의무 … 216

수녀원에서의 편지

당신을 통하여 우리는 / 교황 요한 바오로 2세께 … 222
꽃골무의 추억 속에 / 어머니께 … 226
기차가 모든 것을 지나쳐 가듯 / 인구 오빠에게 … 231
꽃과 같은 사람이 되렴 / 쌍동 조카 항, 진에게 … 235
3월에 띄우는 글 / 아우 로사에게 … 242
대추나무 곁에서 / 언니 수녀님께 … 249
바다가 보이는 수녀원에서 / 벗 유승자에게 … 253
감사기도를 바치고 싶은 주일에 / 박두진 선생님께 … 257
메리 크리스마스 / 델 프라도 선생님께 … 265
서품을 축하드리며 / 박청근 신부님께 … 268
가신 이에게 / 고 박청근 신부님 영전에 … 271
이 아프고도 아름다운 멍에를 / 나의 시를 읽는 독자들께 … 275

책 끝에 … 279

□ 책 머리에

새 얼굴 「두레박」에 부치는 글

　지금부터 20년 전에 펴냈던 저의 첫 산문집 「두레박」은 그동안 발표한 여러 작품집들 중에서도 50쇄 이상을 거듭하며 가장 많이 독자들의 사랑을 받은 책입니다. '두레박'은 제가 어느 잡지에 매달 썼던 칼럼의 제목이기도 합니다. 표현은 늘 부족하지만 진실한 마음을 담아내려 노력한 저의 글들이 일상의 우물에서 기쁨과 희망을 길어내는 두레박의 역할을 했으면 하는 제 마음엔 변함이 없습니다.

　초판이 나왔을 적에 보내 준 독자들의 편지들을 다시 읽어 보며 감회에 젖습니다. "저는 이 책을 읽고 겸손과 사랑을 배웠습니다. 마음속에 있던 모든 나쁜 것을 다 뿌리뽑아 가는 것 같은 이 책을 참으로 사랑하게 되었습니다." "이 책을 보면서 수녀님의 모습을 잠시도 잊은 적이 없습니다. 수녀님과 직접 생활하지 않아도 수녀님의 모든 것을 알 수 있을 것 같았습니다." "첫장을 여는 순간부터 설레더니 왠지 눈가에 촉촉함이 있었습니다. 이유는 알지 못하나 하느님의 말씀처럼 나의 마음을 찔렀고, 저의 상한 마음을 위로하시는 것 같았습니다." "처음 편지를 쓰는데도 친근감을 갖게 하는 수녀님, 「두레박」에는 옹달샘 같은 말들이 여기저기 숨겨져 있었고 저는 그 물을 목마른 사람처럼 헐떡거리며 욕심을 내며 마셨지요." "틈틈이 적어 두는 이 책의 글들은 제 삶의 일부가 되어 있습니다. 수녀님의 그 순수함에 질투를 느낍니다…." 제게 과분한 칭찬과 격려의 말을 적어 보냈던 80년대의 젊은이들이 이제는 다 가정을 꾸린 아빠 엄마가 되어 어디선가 열심히 살고 있을 테지요? 요즘도 어디서 강의를 하고 나면 세월과 함께 낡고 허름해진 「두레박」을 들고 와 사인을 부탁하는 분들이 많은데 그럴 때면 코끝이 찡한 감동을 맛봅니다. 특히 수도원의 삶에서 익힌 '기도 일기'나 '단상'들을 독자들은 매우 좋아하고 사랑하는 것 같습니다. 오래 전의 기록이지만 새롭게 다가오는 몇몇 단상들에서 저도 내면을 충전하는 소박한 기쁨을 느끼며 이것을 은혜로운 감사의 선물로 오래오래 간직하렵니다. 손때 묻은 기도서 한 권이 펼쳐져 있고 흙냄새 나는 항아리에 들꽃 한 묶음이 꽂혀 있는 자그만 글방에 여러분을 초대하는 그런 느낌으로 새단장한 「두레박」을 내놓습니다.

「두레박」을 새로 꾸며 출판해 주는 분도출판사, 부족한 글에 멋지고 정성스런 그림으로 책을 더욱 아름답고 빛나게 해 주신 화가 김의규 님께도 진심으로 감사드립니다.

2005년 봄, 광안리에서
이해인 수녀

기도 일기

하늘색 연필을 깎아 하늘이 들어오는 창가에서 글을 쓰는 아침. 행복은 이런 것일까. 향나무 연필 한 자루에도 온 세상을 얻은 듯 가득 찬 마음. 내 하얀 종이 위에 끝없이 펼쳐지는 하늘빛 바다. 나에겐 왜 이리 하늘도 많고, 바다도 많을까. 어쩌다 기도도 할 수 없는 우울한 날은 색연필을 깎아서 그림을 그렸었지. 그러노라면 봉숭아 꽃물 들여주시던 엄마의 얼굴이 보이고, 소꿉친구의 웃음소리도 들렸지. 오늘도 나는 하늘을 본다. 하늘을 생각한다. 하늘을 기다린다.

기도 일기 1

긴 두레박을 하늘에 대며

1

하늘은 구름을 안고 움직이고 있다. 나는 세월을 안고 움직이고 있다. 내가 살아 있는 날엔 항상 하늘이 열려 있다. 살아 있는 모든 것들이 하늘과 함께 움직이고 있다.

2

그 푸른 빛이 너무 좋아 창가에서 올려다본 나의 하늘은, 어제는 바다가 되고 오늘은 숲이 되고 내일은 또 무엇이 될까. 몹시 갑갑하고 울고 싶을 때 문득 쳐다본 나의 하늘이, 지금은 집이 되고 호수가 되고 들판이 된다. 그 들판에서 꿈을 꾸는 내 마음. 파랗게 부서지지 않는 빛깔.

3

아아 하늘, 하늘에다 나를 맡기고 싶다. 구름처럼 안기고 싶다.

서러울 때는 하늘에 얼굴을 묻고 아이처럼 순하게 흑흑 느껴 울고 싶다.

4

하늘에 노을이 타고 있다. 사랑하는 사람들의 가슴을 온통 피로 물들이듯 타오르는 노을. 나의 아픈 그리움도 일제히 일어서서 가슴속에 노을로 타고 있다.

5

하늘에 노을이 지고 있다. 타다가 타다가 검붉은 재로 남은 나의 그리움이 숨어서 숨어서 노을로 지고 있다.

6

'하늘'이란 말에서 조용히 피어오르는 하늘빛 향기. 하늘의 향기에 나는 늘 취하고 싶어 '하늘', '하늘' 하고 수없이 뇌어 보다가 잠이 들었다. 자면서도 또 하늘을 생각했다.

7

하늘을 생각하다 잠이 들면 나는 하늘을 나는 한 마리 새, 연두색 부리로 꿈을 쪼는, 하늘을 집으로 삼은 따뜻하고 즐거운 새.

8

하늘은 환희의 바다. 날마다 구름으로 닻을 올리고, 당신과 함께 내가 떠나는 무한의 바다. 하늘은 이별의 강. 울어도 젖지 않고, 흐르지 않는 푸른, 말이 없는 강.

9

하늘은 속일 수 없는 당신과 나의 거울. 당신이 하늘을 볼 때 보이는 나의 얼굴. 내가 하늘을 볼 때 보이는 당신 얼굴. 하늘은 모든 걸 다 알고 있어도 흔들림이 없다. 깨어지지 않는다. 자주 들여다보기가 갈수록 두려워지는 너무 크고 투명한 나의 거울.

10

지구 위에 살다가 사라져 간 이들의 숱한 이야기를 알고 있는 하늘. 오늘을 살고 있는 이들의 모든 이야기를 또한 기억하는 하늘. 하늘은 그래서 죽음과 삶을 지켜보는 역사의 증인.

11

하늘이 내려 준 하늘의 진리 —
하늘은 단순한 자에게 열린다는 것.

하늘은 날마다 노래를 들려 준다. 티 없는 목소리로 그가 부르는 노래. 나 같은 음치도 따라 할 수 있는 맑고 푸른 노래. 온몸으로 그가 노래를 하면 나는 그의 노래가 되어 하늘로 오르고 싶다.

12

오늘도 하늘을 안고 잠을 잔다. 내일도 하늘을 안고 깨어나리라. 나의 모든 것, 유일한 기쁨인 사랑. 사랑엔 말이 소용 없음을 하늘이 알려 주도다. 살아 있는 동안은 오직 사랑하는 일뿐임을, 죽을 때까지 아니 죽어서도 역시 사랑하는 일뿐임을 하늘이 알려 주도다.

13

오늘, 당신은 몹시 울고 있군요. 나와 모든 이를 위해서 통곡하고 있군요. 그래요. 실컷 쏟아 버리세요. 눈물비를 쏟아 버리세요. 세차게, 아주 세차게.
당신이 울고 있는 날은 나도 일을 할 수가 없어요. 마음으로 함께 울고 있어요.

14

하늘의 파도 소리. 나를 부르는 소리. 오늘의 내 슬픔 위에 빛으로 떨어지는 당신의 푸른 소리. 당신의 파도 소리.

15

나는 늘 구름이 되어 당신에게 말하고 싶었지. "나의 집이 하늘인 것도 다 당신을 위해서임을 잊지 말아요. 높이 떠도는 외로움도 어느 날 비 되어 당신께 가기 위해서임을 잊지 말아요. 멀리멀리 있어도 부르면 가까운 구름인 것을."

16

꼭 말하고 싶었어요. 지나가는 세상 것에 너무 마음 붙이지 말고 좀 더 자유로워지라고. 날마다 자라는 욕심의 키를 아주 조금씩 줄여 가며 가볍게 사는 법을 구름에게 배우라고 —.

구름처럼 쉬임 없이 흘러가며 쉬임 없이 사라지는 연습을 하라고 꼭 말하고 싶었어요. 내가 당신의 구름이라면.

17

하늘은 희망이 고인 푸른 호수. 나는 날마다 희망을 긷고 싶어 땅에서 긴 두레박을 하늘에 댄다. 내가 물을 많이 퍼 가도 늘 말이 없는 하늘.

18

내가 소리로 말을 걸면 침묵으로 대답하는 당신. 당신을 부르도록 나를 지으셨으며 나의 첫 그리움인 동시에 마지막 그리움이기도 한 당신. 당신은 산보다도 더 높은 내 욕심을 여지없이 무너뜨리고, 세상으로 치닫는 나의 허영의 불길을 단숨에 꺼 버리셨습니다.

인간에 대한 일체의 그리움도 당신이 거두어 가신 뒤에 나는 세상에서의 자유를 잃었으나 당신 안에서의 자유를 찾았습니다. 당신의 가슴에서 희망을 날리는 노란 새가 되었습니다.

19

하늘색 연필을 깎아 하늘이 들어오는 창가에서 글을 쓰는 아침. 행복은 이런 것일까. 향나무 연필 한 자루에도 온 세상을 얻은 듯 가득 찬 마음. 내 하얀 종이 위에 끝없이 펼쳐지는 하늘빛 바다. 나에게 왜 이리 하늘도 많고, 바다도 많을까. 어쩌다 기도도 할 수 없는 우울한 날은 색연필을 깎아서 그림을 그렸었지. 그러노라면 봉숭아 꽃물 들여 주시던 엄마의 얼굴이 보이고, 소꿉친구의 웃음소리도 들렸지. 오늘도 나는 하늘을 본다. 하늘을 생각한다. 하늘을 기다린다. 하늘에 안겨 꿈을 꾸는 동시인童詩人이 된다. 끝없이 탄생하는 내 푸른 생명의 시를 하늘 위에 그대로 펼쳐두는 시인이 된다.

1983. 2 「학생중앙」

기도 일기 2

하찮은 일도 기도의 샘물에

1

계절이 바뀌는 길목에서 검은 옷으로 갈아입은 첫날. 검은 옷에 담긴 침묵과 고독의 의미를 헤아리며 마음은 호수처럼 차고 맑게 가라앉습니다. "모든 빛과 빛들이 반짝이다 지치면 숨기어 편히 쉬게 하는 빛"이라고 한 김현승 님의 시구를 떠올려 봅니다. 검은 옷에 감추인 내 기도의 무게를 헤아리며 차분해지는 마음. 더 낮게, 더 깊이 겨울을 준비하는 마음.

2

나의 슬픔에만 깊이 빠져 이웃을 향한 한 가닥의 웃음에도 인색했습니다. 용서하십시오. 나의 기쁨에만 들떠서 이웃의 슬픔과 비애를 알려고도 아니하고 무심히 지나쳐 버렸습니다. 용서하십시오.

3

오늘은 길 건너 우리 식구의 단골집인 '성주 구두'라는 조그만 구두 수선집에 다녀왔습니다. 다 낡은 녹음기로 성서 말씀을 들으며 열심히 구두를 깁는 신기료장수의 그 거친 손 앞에 내 고운 손이 부끄러웠습니다. "일을 시작하기 전에 꼭 기도부터 합니다"라며 빙그레 웃는 그의 눈 속에 밝은 햇살이 빛나고 있었습니다. 나도 내 하루의 잘못된 생각과 행동들을 수선하는 작은 신기료장수입니다. 한땀 한땀 정성껏 신을 깁는 그 아저씨의 손처럼 나도 날마다 꼼꼼하고 튼튼하게 나의 하루를 수선하면 얼마나 행복한지요. 헌 구두를 고쳐 신었을 때의 그 편안하고 아늑한 느낌처럼.

4

사람들로부터 사랑도 많이 받았지만 미움도 더러 받았습니다. 이해도 많이 받았지만 오해도 더러 받았습니다. 기쁜 일도 많았지만 슬픈 일도 많았습니다. "결국 모든 것이 다 소중하고 필요했습니다." 선뜻 이렇게 고백하기 위해서 왜 그리도 오랜 시간이 걸렸는지요.

5

앙상한 나뭇가지 위에서 바람을 마시며 동그마니 앉아 있는 한 마리 새를 보았을 때 그 새는 추위도 자유로워 보였습니다. 당신은 내게 날개를 주시지 않았지만 매일매일을 날아야 하는 건데, 날아

야 살 수 있는 건데. 무척 오랫동안 무기력과 나태로 죽어 있었음을 용서하십시오. 당신을 사랑해서 그 사랑으로 날 수 있던 날의 기쁨을 되살리면서 다시 새로운 각오를 세워 봅니다. 은총의 날개 하나 꼭 달아 주십시오.

6

바다로 가는 길목에 있는 우리 동네 시장에 갔었습니다. 멍게와 해삼을 파는 아줌마의 "어서 오이소" 하는 그 시원한 웃음 속에 출렁이는 파도 소리. 온종일 일을 하고도 피곤한 기색이 안 보이는 그의 건강한 모습과 밝은 웃음은 집으로 돌아오는 내게 미역처럼 싱싱한 선물이었습니다.

7

햇빛이 잘 들어오는 창가에서 내 소중한 친구가 먼 곳으로 떠나며 선물로 건네준 색연필 한 다스를 깎았습니다. 빨강, 노랑, 파랑, 연두, 초록, 보라 …. 몇 년간 내가 연필을 깎지 않고 서랍 깊숙이 넣어 두었듯이 오랫동안 절제하며 접어 두었던 그리움이 이제는 빛깔마다 살아서 출렁입니다. 오늘은 하얀 편지지에 열두 빛깔의 색연필로 긴 편지를 쓰렵니다. 연필처럼 깎일 수도 없는 그리움을 글씨로는 다 쓰지 못해 빛깔로 칠하는 내 마음을 넣어서.

8

밖에 나가지 않고서도 내 매일의 여정은 계속됩니다. 늘 반복되는 일상日常이란 산을 넘고 바다를 건너는 순례객인 나. 하찮은 일들도 기도의 샘물에 적시면 새로운 꽃으로 피어나고, 나의 삶은 그대로 아름다운 시가 됩니다.

9

바다에 나가면 푸른 수평선으로 나를 부르는 당신. 산에 오르면 부드러운 능선으로 나를 기다리는 당신. 들길을 가면 끝없는 지평선으로 나와 함께 가는 당신. 아, 영원하셔라. 당신 모습. 언제나 당신을 사랑합니다. 당신 안에 모든 것을 사랑합니다.

1985. 12 「샘터」

기도 일기 3

담백한 물빛 사랑만이

1

　당신은 이제 저를 광야로 데려갈 준비를 하시는 듯합니다. 어떤 인간도, 사물도 당신과의 만남을 방해할 수 없는 빈 들판으로 부르시는 듯합니다. 어떤 것들에 대한 지나친 애착 후의 쓰라림, 공허함, 좋아하는 이들로부터의 무관심과 비난과 오해 같은 것들을 통해 당신은 조금씩 저를 교육하고 계시며 빈손, 빈 마음으로 떠날 것을 요구하십니다.

　인간은 진정으로 외로워 보지 않으면 철들지 못하는 존재입니까? 당신을 기쁘게 해 드리는 것이 어떤 것인지 잘은 알지 못하지만 당신을 좀 기쁘게 해 드리고 싶습니다.

　영혼이 새처럼 더 자유롭기 위하여는 눈물이 날 만큼 아파야 하는 것입니까? 손에 쥔 보물을 빼앗긴 아이처럼 허전하고 배고픈 것입니까?

2

　나의 주님, 매일매일 당신께 받은 것을 도로 돌려드리는 연습을 미리 해서 세상을 떠나는 날은 새처럼 자유롭게 날아가고 싶나이다. '상상 속의 죽음'을 놓고 자신을 살펴보면 아직도 너무 욕심이 많고 준비 못한 상태가 가련하기 짝이 없습니다. 참으로 도와주시지 않으면 저는 이제 싸울 힘도 없겠나이다. "수도자여, 너 그리스도와 함께 무엇이며 그리스도 없이 무엇인가?"라는 말을 다시 기억하며 처음이요, 마지막 대답이신 당신께 희망을 두나이다.

3

　당신이 이미 선물로 주신 영원한 생명을 나의 어리석음으로 놓치는 일이 없게 하여 주소서. 모든 일상의 어려움에 대해서는 굴복이 아니라 극복의 태도로 임하게 해 주소서. 살아 있을 때 한 번이라도 더 찬미의 기도를 바치게 하소서. 살아 있을 때 이웃에게 한 번이라도 더 따스한 격려의 말과 웃음을 주게 하소서. 밝은 햇빛·바람·공기 — 잊기 쉬운 자연의 혜택을 고마워하며, 내가 살고 있는 이 세상을 좀 더 애정어린 눈으로 바라볼 수 있게 하소서. 남이 몰라주어도 즐거울 수 있는 조그만 선행과 봉사를 한 번이라도 더 겸손하게 실천하는 용기를 주소서. 그리고 언제나 '믿음의 선한 싸움'으로 하루가 평화롭게 하소서.

4

그토록 당신 앞에 할 말이 많던 나도 이제는 당신에게 편지를 잊었습니다. 사랑을 적당히 할 수가 없듯이 편지를 적당히 쓸 수가 없어 나는 오늘도 망설임뿐, 그래서 흰 종이 위엔 침묵만 남고 — 언어는 돌이 되어 가슴 밑으로 가라앉아 버립니다.

5

오늘은 몹시도 피곤합니다. 여행길에 차창 밖으로 내다보았던 그 해오라기처럼, 외발로 홀로 선 흰 새처럼 오늘은 내가 당신 앞에서도 왠지 외롭습니다. 안개를 휘감은 산이 되어 나는 당신에게 갑니다. 당신도 산이 되어 내게 오십시오.

6

사랑하는 친구에게서 처음 받은 시집의 첫 장을 열듯 오늘도 아침을 엽니다. 나에겐 오늘이 새날이듯 당신도 언제나 새사람이고, 당신을 느끼는 내 마음도 언제나 새마음입니다. 처음으로 당신을 만나던 날의 설렘으로 나의 하루는 눈을 뜨고 나는 당신을 향해 출렁이는 안타까운 강입니다.

당신 안에 숨 쉬는 나의 가슴에선 언제나 산까치가 울고, 당신과 함께 모든 이를 사랑하는 내 마음엔 언제나 진달래꽃이 핍니다. 당신을 통해 사물을 보며 오늘을 살아가는 예술을 배웁니다. 평일에도 주일을 살게 하는 주인이신 당신 앞에 나의 기도는 언제나 새로운 시작입니다.

7

세상에 발표되지 않은 나의 시편들이 오밀조밀 숨어 사는 책상 서랍에서 싱싱한 과일 같은 행복을 꺼내 먹습니다. 아무도 소유한 일 없는 귀한 보석을 손에 쥔 듯한 느낌. 미흡해도 정겨운 나의 그 분신들을 사랑하며 살고 싶습니다. 어쩌면 갇혀 있어 더욱 소중히 느껴지는 나의 언어들을 날마다 포옹하며 사는 기쁨이 있습니다. 남에게 읽히지 않은 시들은 싫증이 나지 않는 무구한 얼굴. 그들과 함께 살아가는 것만으로도 이 세상 모두를 얻은 듯 행복하고 감미롭습니다.

8

부르면 내 안에 눈꽃으로 피는 모음母音, 당신의 그 이름에서 나는 이미 영원의 한 끝을 만졌습니다. 올해도 영혼의 월동 준비를 하자던 친구의 목소리를 기억하며 겨울을 기다리는 나. 이승의 캄

캄한 터널을 지나 빛이 있는 곳으로 달려가겠습니다.

9

이마에 십자를 긋는 수녀들의 손끝에도 하얀 겨울이 묻어오고 있습니다. 기도석에서 콜록이는 밭은기침 소리도 기도가 되는 성당 안에 촛불이 켜질 때, 나는 또 당신을 부릅니다. 그리 낯설던 세상과 인류도 이내 한자리에 앉습니다. 기도서 갈피마다 꽂히는 간절한 염원들을 소리 내어 읊조리는 이들의 모습도 그대로 살아 있는 기도가 되는 겨울 아침의 행복. 서로가 서로의 사랑을 확인하는 정결한 가슴에도 따스한 촛물이 흐르고 있습니다.

10

아직도 꼴을 갖추지 못한 혼돈의 땅처럼 당신을 기다리는 하나의 어둠이 여기 있습니다. "빛이 생기어라" 하시자 빛이 생겨났듯이 당신은 지금도 한 점 어둠인 제게 말씀하여 주소서. 빛이 되라고 — 당신은 처음부터 저를 지으시고 지금도 계속 지으시는 분임을 믿고 있습니다.

당신의 사랑 안에 저 또한 사랑을 배우며 익히는 것이 당신을 닮는 일이며, 당신을 찬미하는 것이 되리라 믿습니다. 당신이 사랑으로 이 세상 만물과 인간을 지으셨기에 오직 사랑에 의해서만 참되고 새로운 창조와 탄생이 가능합니다. 그러므로 사랑하는 그만큼만 저는 아름다운 작품이 될 것입니다. 그러나 저는 아직 사랑에 투신한 자가 아님을 슬퍼합니다.

사랑에 대해서 많이 말하고 노래했지만 한 번도 제대로 헌신적인 사랑을 실천하지 못한 가련한 자임을 자인할 수밖에 없습니다. 제 이기심이 가장 큰 어둠이기에 이 어둠을 치우기 전에는 결코 새 얼굴, 새 빛으로 탄생할 수 없는 나. 어찌하면 이 어둠의 그늘에서 해방될 수 있는 것입니까?

이토록 오랜 날들을 수도원에 머물면서도 제가 키워 온 것은 끝없는 교만과 이기심이라니, 이보다 더 불행한 일이 어디 있겠습니까? 사랑의 결심을 거듭하고서도 사랑에 반대되는 행위만 거듭해 온 이 죄인이 갈 곳이 어디입니까? 하오나 당신은 정녕 "모든 죄악을 용서하시고 내 모든 아픔을 낫게 하시는 분이며, 죽음에서 내 생명 구하여 주시고 은총과 자비로 관을 씌워 주시는 분"(시편 102 참조)이시기에 또다시 당신 앞에 왔나이다.

11

어떻게 울어야 하는 것입니까. 어떻게 빌어야 하는 것입니까. 죄는 많사오나 죄가 죄인 줄도 모르는 이 죄인, 부끄러움이 싫어 때를 벗고 싶지 않은 이 답답한 죄인, 차라리 입 다물고 어둠 속에 갇혀 절망하고 싶나이다. 죄인인 내가 어떻게 당신을 찬양해야 합니까. 죄인인 내가 어떻게 당신 앞으로 돌아와야 합니까. 드릴 말씀은 이 한 마디 ─ 주님, 나를 불쌍히 여기소서.

12

세월이 가도 멈추지 않는 사랑의 출혈, 당신은 멈추게 하실 수 있습니까? 피를 다 쏟아 내고 하얗게 죽어 가는 나의 사랑, 당신은 다시 살려 낼 수 있습니까? 나의 주님, 마침내는 불꽃도 다 꺼 버린 후, 슬픔도 아닌, 기쁨도 아닌 아주 담백한 물빛 사랑만이 출렁이는 자유로 제 안에 승리하게 할 수 있습니까? 나의 하느님 ─.

13

당신만큼 나를 구속하는 이도 없고 당신만큼 나를 자유롭게 하는 이도 없습니다. 당신 없이는 아무것도 할 수 없는 바보이면서 당신과 함께라면 무엇이나 다 할 수 있는 만능가입니다. 당신만큼 나를 어리석게 만든 이도 없고 당신만큼 나를 슬기롭게 하는 이도 없습니다.

14

밤새 뒤척이던 내 영혼이 종소리에 눈을 뜨는 안개빛 새벽. 살아 갈수록 나의 기도는 할 말이 없습니다. 촛불을 보며 다시 새겨 보는 당신의 모습. 둥근 양파 껍질을 벗기듯 내 마음의 질긴 어둠을 벗겨 제단 위에 놓습니다. 주님, 당신으로 하여 이 하루가 평화롭고 흔들림 없게 하소서.

1984. 가톨릭 문우회 수상집 「나의 하느님, 나의 하느님」

기도 일기 4

겨울나무의 마음으로

1

12월 밤에 조용히 커튼을 드리우고 촛불을 켠다. 촛불 속으로 흐르는 음악. 나는 눈을 감고 내가 걸어온 길, 가고 있는 길, 그 길에서 만난 이들의 수없는 얼굴들을 그려 본다. 내가 사랑하는 미루나무를, 민들레 씨를, 강·호수·바다·구름·별, 그 밖의 모든 아름다운 것들을 생각해 본다. 겨울밤, 촛불이 주는 이 아늑하고 정결한 기쁨과 평화 속에 나도 하나의 촛불이 되고 싶다. 끝까지 성실하고 깨끗하게 연소하는 이 수직의 헌신, 촛불을 켜고 기도하는 밤, 시를 쓰는 겨울밤은 얼마나 아름다운 축복인가. 누가 감히 그 앞에 죄를 지을 수 있을 것인가.

2

사랑이여, 내가 선택한 당신은 12월의 흰 얼굴을 닮았습니다. 눈송이처럼 내 안으로 떨어져 눈물로 피는 당신이여, 전부를 드리고 싶은 내 뜨거운 그리움이 썰매를 타는 겨울. 바람은 그대의 눈, 바람은 그대의 음성, 바람은 기도입니다. 그대 앞에 나는 언제나 떨리는 기다림의 3월입니다. 힘찬 파도로 내 안에 부서지고 보채며 절규하는 사랑이여.

3
야훼, 나의 임이시여, 당신을 찾지도 않고, 당신은 숨어 계시다고 말하지 않게 하소서. "크리스천의 희망은 값싼 것이거나 생의 어려운 경험이 없어 철없이 뛰는 미숙한 소망이 아니다. 그 희망은 사람의 정신, 사람의 인내, 사람의 선, 사람의 성취에 대한 희망이 아니라 하느님의 능력을 믿는 희망이다"라는 말은 얼마나 큰 진리인가.

4
사랑하지 않는 이가 제일 가난하고 사랑을 베푸는 이가 제일 부유한 이라는 오늘 신부님의 말씀을 새겨듣는다. 보답을 바라지 않는 순수하고 무조건적인 사랑, 사막과 같이 느껴질지라도 또다시 일어설 수 있는 사랑은 참으로 어렵다. 오늘도 새벽은 내 가슴에 새 종을 달고 투명한 소리를 낸다. 나는 내 동행인들에게 사랑의 빚을 진 순례객. 혼자서는 그 많은 빚을 다 갚을 수 없고 오직 아버지의 도우심으로만 가능하다.

5

"지난 소설小雪, 산에는 첫눈이 내렸습니다. 오랜만에 내리는 눈을 보니 착해지고 싶었습니다." 벗, 데레사를 통해 뵙게 된 법정 스님의 산향기 밴 글은 흰 눈처럼 조용하다. 어둠이 스며드는 겨울, 나의 방, 누구에겐지 실컷 용서를 빌고, 실컷 울어 버렸으면 싶은 날. 가슴으로 수없는 흰 구름이 밀린다.

6

고통의 환희 같은 것을 맛보고 싶은 갈망에 내 영혼이 눈뜨고 있다. 얼마만큼 사랑받느냐가 아니라 얼마만큼 사랑하느냐가 문제인 것이다. 사랑은 단 포도물, 또한 짜디짠 소금물이기도 하다. 기도의 필요성, 호흡 같은 기도, 무한정 기쁘면서도 괴로움이 따르는 기도. 너무 넓고 크고, 너무 깊고 높아서, 때로는 나를 슬프게 하는 하느님, 그는 물이다, 불이다, 영靈이다. 바람, 파도, 폭풍 그리고 화산이다. 그는 좋으신 임금님, 짓궂은 연인, 나를 병들게 했다. 그래, 살아서는 고칠 수 없는 인간의 병, 그러나 살기 위해 앓아야 하는 행복한 고통인가. 나의 가장 좋은 화살기도는 늘 '사랑합니다'의 연속이다. 힘들어도 나는 부자가 되고 싶다. 그분 사랑의 햇빛을 골고루 나누어 줄 수 있는 믿음의 부자. 자유인.

7

썰물 때의 바닷가 같은 나의 오늘. 줄곧 시를 품고 있는 마음밭

에 하얀 눈발이 흩날린다. 내가 내 안에서 느끼는 깊은 절망과 허무에 한숨 쉰다. 허영의 겹옷을 껴입은 자신의 오만함을. "오, 내 성소의 하느님, 내 연약함 가운데 강한 당신 은총의 불가사의에 내 마음이 자꾸만 놀라게 해 주소서"라는 칼 라너 신부님의 기도를 빌려 왼다.

8

내 쓸모없는 생각들이 모두 겨울바다 속으로 침몰해 버리면 얼마나 좋을까. 누구도 용서할 수 없는 마음일 때 바다를 본다. 누구도 사랑하기 어려운 마음일 때, 기도가 되지 않는 답답할 때, 아무 이해도 못 받는 혼자임을 느낄 때, 나는 바다를 본다. 참 아름다운 바다빛, 하늘빛, 하느님의 빛. 그 푸르디푸른 빛을 보면 누군가에게 꼭 편지를 쓰고 싶다. 사랑이 길게 물 흐르는 바다에 나는 모든 사람들을 초대하고 싶다.

9

겨울날, 한 알의 홍옥을 깨무는 맛. 쪼개면 물기 많고, 부드럽고, 신선한 홍옥. 정답게 친구와 나누어 먹고 싶은 한 알의 사과에선 빨간 장미 향기도 난다. 그 열매 속에 숨어 있는 햇빛, 바람, 비, 사랑.

10

잎새 하나 안 드리운 나목裸木의 마음인가. 그분 안에 오히려 아름다운 나의 약함과 허무를 감사하는 시간. 왜 그가 나를 불러야 했는지, 왜 내가 그를 따라야 했는지 더욱 알아듣게 된다. 항상 나를 짐스럽게 하던 우상들도 차츰 물러서고 이제는 "오직 당신만을!" 하고 외쳐 보는 마음. 그러나 마음 놓을 수 없는 나약함. 기도가 무기임을 결코 잊어서는 안 된다.

11

피정이란 기간은 얼마나 소중하고 감사한 시간들인가. 본원 수련소에 와서 아침마다 새 소리에 잠을 깰 수 있다니 꿈만 같다. 바쁜 일정에 조바심치며 숨차게 뛰던 날들로부터의 해방감. 검은 옷의 흰 얼굴 — 수녀들은 대체 무엇하는 사람들인가, 누가 그들을 여기에 모이게 했는가. 두 딸을 수녀원에 두시고 걱정이 많으실 어머니의 어진 모습도 생각나던 날, 뒷산의 소나무처럼, 빨간 열매를 단 사철나무처럼 청청한 신앙을 키우며 욕심 없이 살고 싶다.

12

뜨거운 태양이 내 온몸에 향유를 바르는 이 아침. 오늘도 살아 있음을 나는 기뻐한다. 이웃에게 조금의 향유라도 발라 줄 수 있는 사람이 되고 싶다. 모든 게 다 은총임을 믿고 감사한다.

13

제법 길었던 머리를 짧게 자르고 나니 왠지 허전하고 아까운 느낌. 지금의 나에겐 하등의 필요 없는 부분인데 — 아마도 여자의 집착이라는 걸까? 머리뿐 아니고 자신의 보이지 않는 부분이 잘리어 나가는 아픔, 성숙을 위한 아픔을 나는 앞으로 또 얼마나 더 겪어야 할 것인가. 내가 나를 채우는 길이란 봉사밖에 없다. "남에게 감사나 칭찬을 받지 않고 충족감도 맛보지 않은 채 봉사한 일이 있었던가?" 묻는다면, 글쎄 …. 강요받지 않고 인정받길 원치 않고 기쁘게 행하는 것만이 진정한 봉사라고 생각된다. 진정 말로가 아니라 행동으로 보여 주는 선과 덕의 필요. 끈질긴 노력으로 되풀이 연습해야 한다. 하면 된다.

14

겨울 산에 가서 도토리 껍질, 잔솔가지를 주워 방에 들이니 산 내음이 가득하다. 내려오는 길에 보니 아주 구석진 담 밑에 하얀 솜털의 민들레가 앉아 있는 모습, 하 반가워 불어 주었더니 가볍게 날아간다. 봄이 오면 꽃이 피겠지. 작은 얼굴로 배시시 웃는 모습 눈에 선하다. "어떤 때는 내 영혼은 거지며 방랑자이고 또 어떤 때는 동산에 있는 공주였습니다"는 칼릴 지브란의 글을 읽었다. 사랑은 결코 무사하지 않음을, 말로는 다할 수 없음을 가르치는 야훼시여. 당신은 영원히 찬미받으소서.

1978. 가톨릭 문우회 수상집 「신앙의 길목에서」

기도 일기 5

삶의 층계에서 별을 안고

1

새해를 위하여 새 달력을 거는 나의 기도는 어떤 어려움 속에서도 조용히 '견디어 내는 힘'을 주십사고 빌고 싶은 것. 그래서 더욱 기쁨이 되는 삶의 희망을 달력과 함께 새로 달고 싶은 것. "내가 새로워지지 않으면 새해를 새해로 맞을 수 없다. 내가 새로워져 인사하면 이웃도 새로워진 얼굴을 하고, 새로운 내가 되어 거리를 가면 거리도 새로운 모습을 한다"라는 구상 시인의 「새해」라는 시도 다시 새롭다.

2

새벽이다. 잠에 취해 쓰러졌던 나의 꿈과 희망도 나와 함께 일어나 새벽의 찬 바람이 다듬이질해 준 새 옷을 껴입는다. 찬물을 틀어 세수하다 문득 마주친 내 팔목 위의 시계. 오늘 하루 살아갈 힘을 태엽 위에 감으며 내 탓으로 죽어 있던 지난 시간들도 할 수만 있다면 모두 살려내고 싶다. 멈춰 버린 시계에 밥을 주듯이 우울하게 고장난 내 마음에도 기쁨의 밥을 주며 다시 깨어나는 행복한 아침이여.

3

성당 창 밖의 참새 세 마리가 나를 초대하는 아침. 앉아서도 온 세상을 걸어다니는, 숨어서도 온 우주를 날아다니는 기도 속의 자유를 감사하고 싶다.

엄청난 사랑의 빚을 지고 사는 사랑의 수인. 죽을 때까지 고뇌하며 '나'라는 감옥에서의 탈출을 시도하는 자유에의 갈망을 또한 감사하고 싶다.

4

우리 집에선 늘 남산이 보인다. 도시 한복판에 내려앉은 너그러운 산. 누구에게나 열려 있는 만만한 산, 남산 같은 사람이면 나도 좋겠다.

5

한 장의 신문이 왜 이리 무거운가. 전쟁, 살인, 폭력 등 끔찍한 기사들로 채워진 신문의 무게에 눌려, 밝은 아침도 어둡고 무거워진다. 신문에도 보도 안 된 어지러운 세상 소식들을 제단에 올려놓고 착잡한 기도를 시작한다.

6
타오르지 못하면 제 몫을 못하는 한 자루의 초처럼, 사랑하지 않으면 제 몫을 못하고 꺼져 버릴 우리들의 삶 — 너와 나의 흰 초에 촛불이 켜질 때 아름다운 불길의 찬미가 오늘만의 것은 아니도록 다시 사랑하자, 하느님과 이웃을. 다시 태우자, 나를. 다시 희망하자, 내일을.

7
본회퍼의 옥중서한 몇 줄이 나를 붙든다. "종소리 속에서는 일체의 불안, 감사할 줄 모르는 것, 이기심이 사라져 버립니다. 마치 착한 온정에 둘러싸이는 것과도 같이 돌연 아름다운 회상에 잠깁니다"라고 그는 쓰고 있었지.

8
하인리히 뵐의 단편집과 알퐁소 도데의 단편집을 틈틈이 읽으며 그 작품들을 통해 내가 만나는 착한 이웃들 — 도데의 「마지막 수업」은 더욱 새로웠고 「치즈가 든 수프」 「바닷가의 추수」 등도 그 특유한 따뜻함이 가득하다. 도데의 「별」, 황순원의 「소나기」, 강신재의 「젊은 느티나무」 같은 단편들은 얼마나 사랑스러운가. 읽고 나면 인간의 가슴에 잔잔한 여운과 빛을 남기는 글들을 나도 쓰고 싶어진다.

9

　나의 빈방에 누군가 갖다 놓은 한 잔의 따끈한 차. 이름 없이 살짝 갖다 놓은 선물은 아무리 작은 것이라도 더 소중하게 느껴진다. 보이지 않게 베푸는 사랑의 손길에 늘 고마워하는 사람이 되자.

10

　날이 추우면 걱정이 되는 나의 이웃들이 있다. D 학원 앞길에 앉아 9년이나 구두를 깁는다는 신기료장수 할아버지, 돈이 없어 돋보기도 사지 못한, 다섯 식구의 가장인 그분의 주름진 얼굴의 잔잔한 미소와 평화를 만나고 싶어서, 나는 일부러 그 앞을 지날 때가 있다. 정성껏 구두를 깁던 할아버지의 손에 조용히 내려앉던 햇살처럼, 나도 그분에게 조그마한 기쁨이나마 선물할 수 있는 방법이 없을까 생각해 본다.
　버스 정류장 앞에서 오징어 파는 아줌마의 활기찬 모습이 떠오르면 나도 더욱 열심히 살고 싶어진다. 장사하는 중에도 틈틈이 성서 공부를 하고 있던 그분의 모습에서 내가 배우는 삶의 용기와 지혜. 그분과 많은 말은 안 했지만 그분의 모습은 잊혀지지 않는다.
　바람이 몹시 불고 추워지는 날, 나는 그분들을 위해 기도하게 된다. 이 세상 어느 모퉁이에서 그렇게 열심히 살아가는 나의 이웃들 덕분에 나는 오늘을 편하게 사는 게 아닐까. 멀리 또 가까이에서 나도 모르게 고통받고 있는 이들을 위해 나는 늘 기도해야겠다. 그리고 그들의 아픔을 직접 나누어 갖지 못함을 안타까워하기 전에

우선 내가 당하는 작은 어려움들을 불평 없이 받아들이는 인내를 배워야겠다.

11

밤이 오는 층계에서 별을 바라봅니다. 내가 사는 집에는 층계가 많아 나의 하루는 수시로 숨이 차지만 다람쥐처럼 하루를 오르내리는 삶의 즐거움이여, 믿음과 소망과 사랑의 층계, 갈수록 높아 뵈는 삶의 층계에서, 별을 안고 기도하는 은은한 기쁨이여. 별이신 당신을 오늘도 바라봅니다.

1983. 1 「학생중앙」

기도 일기 6
미나리 빛깔의 희망을

1

산천에 쌓였던 눈만큼이나 근심도 많았던 겨울의 이야기를 떠나보내고 이제는 누구나 미나리 빛깔의 희망을 가슴에 안고 싶어 하겠지. 나도 그러니까.

2

마악 겨울의 병동을 빠져나온 이들이 기침을 콜록거리며 봄을 맞고 있다.
"벌써 봄인가 봐요."
"겨울도 이젠 다 지났어요."
담담히 주고받는 이른 봄인사에 바람도 가만히 따라 웃는다. 봄과 함께 희망을 확인하려는 이들의 하얀 이마를 어서 쓸어 주고 싶은 봄바람.

3

냉이국 한 그릇에 봄을 마신다. 냉이에 묻은 흙 내음, 조개에 묻은 바다 내음, 마주 앉은 가족의 웃음도 섞어 모처럼 기쁨의 밥을 말아먹는다. 냉이 잎새처럼 들쭉날쭉한 내 마음에도 어느새 새봄의 실뿌리가 하얗게 내리고 있다.

4

봄비를 기다리며 누워 있는 밭, 밭은 온종일 볕에 익어 그 가슴이 마르는가 보다. 흙덩이가 가려운 이랑마다에 지금은 만질 수 없는 미래의 기쁨들이 파처럼 줄지어 있다. 바람이 춤을 춘다.

5

앞사람이 남기고 간 외로움의 조각들을 살얼음처럼 밟고 가면 나도 문득 외로워진다. 아이들이 햇빛과 노는 작은 골목길에서 경이로운 봄을 만난다. 조무래기들이 흘린 웃음을 받아 가슴에 넣고 겨울이 잠든 거리에 기쁨의 씨를 뿌리며 걷고 싶다.

6

서랍 속에 잠자던 꽃씨를 꺼내면 사랑하는 이의 묵은 편지를 다시 읽는 것처럼 환한 불이 켜지는 추억의 창. 코스모스, 분꽃, 봉숭아 — 이름을 찾아 꽃밭을 새로 마련하듯이, 내 허전한 마음밭에도 소망의 꽃씨들을 새로 뿌려야겠다.

기도 일기 45

7

언제쯤 꽃이 필 것인가. 인파가 붐비는 꽃시장에도 그 고운 얼굴은 없었네. 이름 없는 풀섶에서 잔기침하며 피어나는 참 조용하고 아픈 들꽃의 작은 얼굴이 나는 늘 보고 싶어라.

8

"꽃잎은 떨어져 우표가 되고 풀잎은 떨어져 봉투가 되어 내 동생 머리 위에 앉았죠"라고 작은 가슴이 별처럼 초롱한 꼬마 향이가 보낸 어느 날의 봄 편지에서 내가 만나는 기쁨. 온몸으로 동시를 쓰던 나의 유년이 나비처럼 앉아 있었지. 귀여운 조카아이의 봄 편지 위에 —.

9

먼 데서 치는 풍금 소리가 종종 파도로 와서 떨어지는 작은 기도실에 빈손을 펴고 앉아 당신을 생각한다. 제단 앞에 앉은 아스파라거스 화분. 아스파라거스처럼 가늘게 피어오르는 내 상념의 잎새들을 나는 당신이란 큰 화분에 옮겨 심는다.

10

물기 오른 하얀 푸른빛 풍란 한 떨기. 성모상 앞에 고개 숙인 겸손의 향기에 내가 부끄러워 눈을 감는 오후. 당신에게 드린다, 연연한 난잎 같은 내 눈물 빛깔의 첫 기도를.

11

어둠이 남긴 고뇌의 흔적을 닦아 내고, 3월이 오는 창가에서 아침을 연다. 하늘이 데려온 아침, 바다가 데려온 아침, 우주가 새롭다. 사람들이 경이롭다. 눈부신 햇살 아래 나는 온전한 자유로 새 봄을 산다. 앓고 난 후의 봄, 아름다운 시작이여.

12

은빛 주전자에서 물이 끓고 있다. 당신을 사랑하는 내 마음처럼 뜨거운 음악으로 끓고 있다. 당신의 영혼에 부딪쳐 떨어지는 내 고뇌의 물방울처럼 뜨거운 언어로 끓고 있다. 당신과 내가 서로를 아끼다 부딪치는 순결한 싸움처럼 시시로 신음하며 물이 끓고 있다.

13

한 장의 손수건을 접어 주머니에 넣듯이 습관의 노예로 살아버린 나의 시간들이여, 미안하다. 비 오는 날 창문을 닫듯이 그저 별 생각 없이 무심히 지나쳐 버린 나의 시간들이여, 정말 미안하다. 주인을 잘못 만나 불쌍했던 네게 고개 숙여 사과할게.

14

너를 향한 내 그리움의 꽃망울도 봄비에 젖어 터지려 한다. 진달래처럼 아프게 부어오른 나의 꽃망울. 이제는 울면서 조용히 터지려 한다.

15

뜯어도 뜯어도 끝없이 많은 쑥을 뜯었다. 나도 흔하지만 쓸모가 있는 쑥맛 같으면 좋겠네. 쑥 향기 밴 내 삶에도 봄이 익었다. 바람이 불면 쑥처럼 돋아나는 내 마음의 풍성한 희망, 삶의 기쁨이여.

16

내 마음속에 그려 넣었다. 있는 그대로 시가 되는 것들을 —. 봄 햇살에 눈부신 사철나무, 풀잎들, 소나무 숲에 아무렇게나 떨어져 누운 솔방울들, 바닷가 모래밭에 말없이 널려 있는 무늬 고운 조가비들, 바다와 내 마음을 함께 물들인 저녁놀, 우리 집 언덕길에 뾰족이 싹을 내민 라일락 잎새, 그 언덕을 오르내리는 이들의 종소리에 씻겨진 목소리와 웃음, 그리고 피고 싶어서 피고 싶어서 살짝 얼굴을 내민 진달래 꽃망울. 그래, 세상엔 참 아름다운 것들도 많지. 우리가 눈을 뜨기만 하면.

17

푸른 앞치마를 입고 한바탕 유리 대청소를 했다. 우리 수녀원처럼 유리 많은 유리집이 또 있을까. 살아서 유리를 닦는 일은 얼마나 즐거운 일인가. 유리처럼 티 없이 투명하다는 것은 얼마나 아름다운가. 맑게 닦을수록 맑게 열리는 마음의 창. 하늘이 내려앉은 유리창. 열심히 창을 닦는 이들의 얼굴에도 화안한 희망의 창이 열리고 있었다.

18

주님, 몇십 년 얼어붙은 내 마음속 교만의 강도 당신 사랑으로 풀리게 해 주소서. 이웃을 용서 못해 꽁꽁 얼어붙은 마음 바닥이 아픈 소리 내며 갈라지게 하소서. 바람이 불어도 날 생각도 못했던 내 꿈과 희망의 날갯죽지에 빛나는 새 힘을 일으키소서. 자연의 봄이 와도 피어날 줄 모르던 마음의 봄을 피우기 위해, 지금은 내가 나 자신과 싸우는 어둠의 시간을 허락하소서. 마음 놓고 당신 앞에 울게 하여 주소서.

19

닫혔던 창문을 활짝 열겠습니다. 겨우내 쓸 수 없던 글, 할 수 없던 말, 이제는 모두 새 옷 입혀 당신께 보내겠습니다. 당신은 나의 땅 — 꽁꽁 얼어붙었던 나의 눈물샘 터뜨려 그 땅을 적시겠습니다. 한 점 지혜로운 꽃씨로 그 땅에 묻혀, 당신이 원하시는 기쁨의 꽃을 피우겠습니다. 모진 겨울 이겨 내고 날마다 부활하는 아침의 흰 꽃이 되겠습니다.

20

당신을 향한 사랑의 털실을 감다 보면 하루가 갑니다. 잘못 감긴 것 같아 털실을 풀다 보면 또 하루가 갑니다. 감거나 풀거나 변함없는 건 사랑 — 아무것도 뜨지 못한 채 또 하루를 보냅니다. 그래도 기쁩니다.

21

푸른 파밭에 머무는 당신의 휘파람 소리. 푸른 하늘을 이고 줄지어 선 파밭에는 보이지 않는 눈물과 보이지 않는 희망이 고운 흙 속에 함께 자라나고 있습니다.

22

소리 나는 시내보다 하늘을 이고 산을 닮아 가는 강이 되라고 하셨습니다. 3월의 창문을 열고 아직은 여리고 시린 청순한 햇살로

몸과 마음을 씻으라고 하셨습니다. 나의 친구여, 3월이 오는 창가에서 그대가 써 보낸 풀빛 언어들을 가슴에 찍어 놓고 나는 행복합니다.

23

내 허전한 마음을 기도로 채우지 못할 때는 혼자서 산에 오릅니다. 하늘을 향해 푸드득거리는 한 마리의 어린 산새처럼 나는 문득 당신이 그립습니다. 내 단단한 고독을 시로도 녹일 수 없을 때는 혼자서 산에 오릅니다. 잃어버린 언어를 찾듯 여기저기 흩어진 작은 솔방울들을 주우면 나의 손끝에서 웃음을 튕기는 햇살. 바다빛도 묻혀 온 저 청청한 솔바람 소리에 당신의 정든 음성을 내가 듣습니다. 한 장의 고운 추억을 따듯, 한 장의 고운 나뭇잎을 손에 들고 서 있으면, 나는 보채는 어린이처럼 당신이 그립습니다. 당신 품에 안기듯 깊은 산에 깊이 안겨 깊이 잠들고 싶습니다.

24

오랜만에 바다에 나갔었다. 갈매기의 나래짓, 섬, 파도, 아이들, 조개에 얹힌 무늬, 우리들의 노래와 웃음. 찬미의 시편들을 소리 내어 읊고 싶던 날, 사랑의 마음으로 설빔을 차려입던 날. 아름다운 자연의 신비에 접하며 너와 나의 가슴에는 수정과와 같은 정이 익었지.

1983. 3 「학생중앙」

기도 일기 7

일상의 길목에서

1

비 온 뒤의 햇살에 간밤의 눅눅한 꿈을, 젖은 어둠을 말린다. 바람에 실려 오는 치자꽃 향기. 오늘도 내가 꽃처럼 자신을 얻어서 향기로운 하루가 될 수 있기를 기도한다. 열매를 위하여 자신을 포기하는 꽃의 겸손 앞에 내가 새삼 부끄러워 창가에 홀로 선 한여름 아침.

2

"마음속에서 우러난 소신을 가지고 있지만 결코 광신적이 아니며, 애정에 넘쳐 있으나 결코 감상적이 아니며, 상상력이 풍부하지만 결코 비현실적이 아니며, 두려움을 모르지만 결코 생명을 경시하는 일이 없으며, 규율에 순종해 가지만 결코 굴종적이 아닌 사람들의 힘과 즐거움"에 대한 에릭 프롬의 말을 몇 번이고 묵상했다.

3

A가 선물로 준 빨간 장미와 하얀 안개꽃 묶음을 들고 오는 길엔 비가 내렸지. 장미를 받쳐 줌으로써 자신도 더욱 돋보이게 되는 안개꽃의 역할에 대해서 생각해 보았다. 꽃을 선물함은 긴 말이 필요치 않아 좋다던 그 친구의 말을 다시 새겨 보는 기쁨이여.

4

길에서 손이 없는 사람을 만났다. 키가 우리의 절반밖엔 안 되는 난쟁이 아가씨도 보았고, 정신 나간 듯이 혼자서 히죽히죽 웃고 있는 어떤 청년도 보았다. 육교의 난간에서 잘 팔리지도 않는 작은 물건들 앞에 외로이 쪼그리고 앉은 어느 아줌마도 보았다. 매일 길을 가며 여러 사람들을 만나게 되는데 그 중엔 돌아서도 이내 잊혀지지 않는 슬픈 얼굴들도 많다. 그들의 아픔 앞에 무력한 나. 돌아와서 내 생활을 반성해 본다. 이웃의 존재는 나를 흔들어 깨우는 종소리와 같은 것임을 깨닫게 된다.

5

잠시 물이 안 나오는데도 몹시 걱정이 된다. 빛, 공기, 바람도 그렇듯이 무엇이나 없어 봐야 알게 되는 고마움. 사람이 항상 고마운 마음을 잃지 않고 살 수만 있어도 그는 훌륭한 사람이리라. 시장터를 지나 미사에 다녀온 날, 시장터에 묻어 있는 이웃들의 웃음, 한숨, 눈물 — 삶의 흔적 모두를 사랑하며.

6

때로 남에게 오해를 받는 것도 기쁨이 될 수 있는 이유는, 이를 통해 내가 좀 더 작아질 수 있기 때문이다. 교만, 허영, 이기심에 가려 제대로 볼 수 없던 나의 참모습을 찾기 위해, 자신과 마주 앉아 진지한 투쟁을 하기도 하며, 마음의 빈터를 마련할 수 있기 때문이다. 언짢은 소리 듣기를 거부하지 않는다면, 나의 삶은 훨씬 더 자유로우리라.

7

오전에 청소를 하면 마음이 맑아진다. 어느 잡지에 논픽션 당선작으로 뽑힌 「덕적도의 코신부」를 감명 깊게 읽었다. 사랑이 부족한 나 자신의 모습이 몹시 부끄러웠다. 한 사람의 헌신적인 사랑의 힘이 얼마나 큰 것인가를 더욱 절감케 해 주었다.

8

우리 집 포도는 달기로 유명하다. 농장의 포도를 가져다 이웃과 나누어 먹는 삶의 즐거움. 포도송이처럼 잘 익은 일상의 기쁨들을 주렁주렁 가슴에 달고 웃어 보는 여름이여. 이젠 우리들의 사랑도 포도처럼 달게 익혀야겠네. 더욱 삭혀서 향기로운 해묵은 포도주를 만들어야겠네.

9

　피곤했던 몸과 마음을 눕히고 눈을 감으면 내 하루의 일과도 눈을 감는다. 아침의 부활을 위해 밤에는 반쯤 죽는 연습을 해 보는 순수한 도취. 아무도 미워하지 않고 순한 어린이가 되는 착한 잠 속에서의 행복. 때로는 웃기도 하고 울기도 하는 잠 속에서의 꿈. 살아 있는 동안 잠이 없다면 얼마나 팍팍할까. 달콤하게 맛있는 잠을, 평화롭게 겸허한 잠을 자도록 내게 허락하신 주님, 찬미받으소서.

1984. 9 「샘터」

기도 일기 8
나의 소망이 빗방울처럼

1

비여, 그리운 비여, 가뭄으로 쪼개진 마른 논바닥에, 갈증 난 산과 들에 어서서 내려 다오. 거침없이 좍좍 쏟아지는 네 소리를 듣고 싶다. 땅에서 많은 물이 솟아나도 하늘에서 내려오는 네가 없으면, 풀도 나무도 모두 시들고 마는 것을. 자연을 먹이고 사람을 먹이는 고마운 비여, 언제나 임을 그리며 마른 논바닥처럼 가슴이 타는 나도 좀 적셔 다오. 빗줄기처럼 아낌없이 나 자신을 내놓을 수 있게 하여 다오.

2

오늘도 살아서 빗소리를 듣는 기쁨. 결코 사람의 손으로는 만들어 낼 수 없는 은혜로운 비가 수억만 개의 선을 그으며 몸째로 떨어지고 있다. 땅을 적시듯 오늘은 나를 적시는 생명의 음악인 비여, 나도 사랑하는 이의 가슴속에 수직으로 떨어지는 빗줄기가 되고 싶다. 그이의 가슴에 동그란 사랑의 파문을 짓는 빗방울이 되고 싶다.

3

빗속을 걸으며 많은 것을 생각했다. 빗속에 서면 나는 늘 작은 새와 같은 가슴이 된다. 자꾸 건조해지는 마음을 빗속에 촉촉이 적시며 기도했다. 힘드는 가운데도 미소를 잃지 않고 살 수 있기를 —.

4

주님, 비 내리는 분량만큼 비 내리는 속도만큼, 그렇게 당신을 사랑하고 싶나이다. 당신이 내게 사랑할 힘을 주시면, 그 힘으로 내 이웃을 또한 사랑할 수 있겠나이다.

5

기다리고 기다리던 우리의 비. 회색빛 비옷을 입고, 해진 우산을 검은 실로 단단히 꿰매어 쓰고 비 오는 거리를 즐겁게 걸었다. 문득 생각나는 한 구절.

    땅 위에 떨어지는 구름의 선물로 죄를 씻고 싶은
    비 오는 날은 젖은 사랑
    수많은 나의 너와 젖은 손 악수하며
    이 세상 큰 거리를 신나게 쏘다니리

우산을 펴 주고 싶어 누구에게나
우산이 되리 모두를 위해

― 졸시 「우산이 되어」

6

창문에 매달리는 빗방울들, 연못에 떨어지는 빗방울들. 그리고 산에, 바다에, 나무에, 풀잎에 무수히 떨어지는 빗방울들. 내 안에도 끝없는 생각의 빗방울들이 매달립니다. 어떤 것은 고뇌, 어떤 것은 환희, 어떤 것은 그리움 ― 이들은 그대로 기도가 되어 줍니다. 당신을 더 높이, 더 깊이 사랑하고 싶다는 나의 소망이 빗방울처럼 내 마음의 창문에 매달립니다.

비에 젖은 초목이 젖어서 더 싱싱하게 아름답듯이 오늘의 내 영혼도 당신을 갈망하는 한 방울의 슬픔에 젖어 더욱 아름답게 하소서. 정화된 슬픔은 좋은 선물이 됨을 다시 기억케 하소서.

7

벗이여, 오늘도 그대와 나를 부르듯 세찬 빗줄기가 크신 분의 목소리로 떨어지고 있습니다. 그대의 두 손으로 내게 우산을 펴 주세요. 우주를 펴듯이, 소망을 펴듯이 그리고 우리들의 사랑을 펴듯이. 아직 다 펼쳐 내지 못한 나의 주름진 세월을, 접혀진 아픔들을 하나씩 펴 주세요. 나날이 커지는 우산 같은 임 안에서 우산 같은 사랑을 펴 주세요.

8

비 내리는 숲, 나무 앞에 서면 들려오는 나무의 울음소리. 누구를 사랑하여 한 그루 나무로 우뚝 서 버린 것일까. 가슴으로 가슴으로 울다가 서 버린 한 그루의 젖은 나무가 나를 부르네.

참 어질고 아픈 저 울음소리. 사랑이 클수록 아픔은 모질다는 생각이 든다.

1984. 8 「샘터」

기도 일기 9

이 소중한 삶을

1

눈물 씨알 품은 푸르고 아린 사랑의 맛
더욱 붉게 더욱 맵게 익어 불이 되고 싶어라
한 번뿐인 아픈 생을 맨살 태우며 살고 싶어라

풋풋한 풋고추를 먹다가 생각했던 구절이다.
참으로 한 번뿐인 이 소중한 삶을 열심히 살고 싶다. 붉게 맵게 익어 가고 싶다.

2

함께 살던 이들이 무슨 일로 잠깐 자리를 비울 때 우리는 비로소 그 사람들의 소중함을 더욱 잘 깨닫게 되나 보다. 오늘 오전, 수련소 자매들이 일제히 나들이 가고 나니 집안이 온종일 쓸쓸했다.
빈자리에 머무는 그들의 말소리, 웃음소리들을 혼자 생각하며 기다리던 마음. 저녁식사 후엔 밭에 나가 상추를 뽑았다. 오랜만에 맡아 보는 흙냄새가 너무 좋았다. 산에서는 줄곧 뻐꾹새의 소리, 그 소리를 들으면 '영원'에 대한 향수가 나를 설레게 한다.

3

아침부터 내리는 비, 「기쁨은 빗줄기처럼」이란 노래를 흥얼거리고 싶은 날. "주님이 얼마나 좋으신지 너희는 보고 맛 들여라. 복되다 그 임께 몸을 숨기는 사람이여"라는 시편 구절을 묵상했다.

내가 늘 몸을 숨겨야 할 분, 평생 목마르지 않는 샘이신 분, 인간의 언어로는 도저히 표현할 길이 없는 분, 그분 안에 그분과 함께, 그분을 통하여 사는 나의 행복. 언제나 감사하자. 언제나 전진하자.

4

내게 주어진 하루하루를 참으로 소중히 살고 싶다. 조용하게 행복하게 감사하면서 — 누가 알아주지 않아도 때가 되면 다소곳이 피어나는 한 송이 꽃처럼 살고 싶다. 우리 안뜰에 떼를 지어 산책하던 새들의 모습을 잊을 수 없다. 잔디밭과 바위를 오르락내리락하는 그 작고 사랑스런 새들을 한참 지켜보았다. 저녁엔 바다를 내다보며 기도했다.

5

"언제나 가장 하찮고 눈에 잘 뜨이지 않는 작은 생명을 보고 즐

기기를 배워라"고 말했다는 루오. 그의 그림들을 밤늦게 감상했다. 강렬한 색감들이 볼수록 살아오고 그가 그린 그리스도의 얼굴들이 가슴에 깊이 찍힌다.

6
진분홍 분꽃들이 피었다. 어머니가 보내 주신 그 까만 꽃씨들을 생각했다. 분꽃 향기는 언제나 정답고 소박하다.
안팎으로 가진 게 너무 많은 나. 어떻게 버려야 할 것인가. 행여라도 자신의 장점이나 성취(아무리 작은 것이라도)를 과시하는 듯한 말이나 행위에 빠지지 않도록 늘 조심하자.

7
시몬느 베이유의 사상과 신앙에 감동받지 않을 수 없다. 모든 어려움 중에서도 이웃사랑을 그대로 실천할 수 있던 그 용기.
그의 글을 읽으니 나 자신의 유약함과 좁은 견해가 더욱 부끄러워진다. 요 며칠 사이, 나는 너무 허약하고 자기중심적인 감성의 늪에 빠져 허우적거리고 있다. 사랑이 단순한 감상이 아님을 더욱 잘 알아들어야겠다.

8
하루종일 세찬 비가 쏟아진다. 수도원의 긴 복도를 걸으며 나는 왠지 조금 춥고, 조금 쓸쓸했다. 그러나 나의 외로움은 나를 철들게 하고 내가 눈멀어 있던 사물과 인간을 바로 보게 해 주는 고마운 친구이기도 하다. 참된 죽음을 생각해 본다. 나의 어제와 오늘과 내일을 생각해 본다. 내 안에 깊은 우물이 파인다. 항시 '오늘을 마지막인 듯 사는' 태도의 필요. 맑은 물처럼 담백히 살자.

9

몇십 년이 지난 묵은 책이나 잡지를 뒤적이면 누렇게 빛 바랜 종이 내음이 정든 친구를 대한 듯 놓기가 싫다. 무엇이나 예사로 보지 않고 찾으려는 마음만 있다면 보화는 얼마든지 널려 있다.

삶은 우리가 구워 내기에 따라 그 모양이 무를 수도 단단할 수도 있다. 오늘 내 마음에 쏟아지는 기쁨의 소나기가 왠지 두렵기조차 하다.

10

"급류의 수면에는 영상이 보일 수 없다." "지금쯤은 땅에 묻혀 있을 인간들의 말하지 않은 생각과 쓰지 않은 편지도 많았으리라." — 솔제니친의 글을 맛 들여 읽었다. 하나의 깊고 고결한 생각과 만나는 것은 무엇보다 아름다운 선물이다. 나는 너무 쉽게 개인적인 감정에 치우치곤 한다. 사서 갖는 괴로움. 사물을 보는 눈이 좀 더 현실적이고 객관적이어야겠다.

11

기쁨과 슬픔을 함께 지닌 순례자로서의 나. 이 고마운 살아 있음이여. 내가 처한 상황에서 내가 할 수 있는 일에 최선을 다하는 것이 실로 중요하다.

길도 자기가 닦아야 하고 문도 자기가 열어야 한다. 누가 대신 내 인생을 살아 줄 것인가. 순간순간이 바로 영원을 이루는 것임을 깨닫고 늘 깨어 사는 기쁨의 창조자가 되도록 하자. 우리가 서로 사랑하고, 용서하고, 받아들이는 그런 순간에 우리는 이미 영원을 맛보는 것이라던 A 신부님의 말씀이 새롭다.

「인하전문대학보」 53호

기도 일기 10

작은 순례자의 기도

1

　기도하지 않고는 아무것도 할 수 없음을 다시 절감합니다. 주님, 바쁨 속에도 늘 여유 있고 온유하게 살기 위해서는 당신의 도움이 필요합니다.
　참으로 사랑하는 사람은 '시간 없다'는 말만을 연발하지 않을 것이며, 남을 쉽게 거절하는 일이 없을 것입니다. 인간이 누군가와 관계를 맺는다는 것은 자신의 시간을 기꺼이 내줄 준비가 되어 있어야 함을 깨닫습니다.
　언제나 너그러운 응답이 요구되는 수도생활, 때로는 힘이 들지만 힘이 들어도 사랑합니다.

2

　하루에도 수없이 문을 열고 닫지만 죽은 사람처럼 생각 없이 했습니다. 혼자서 문을 열듯 혼자서 걷는 길이 멀고 아득한 고독의 길이어도 결국 혼자 아닌 사람은 아무도 없습니다.

주님, 열릴 듯 말 듯 열리지 않는 내 마음도 여시는 당신이 문이실 때 나는 이미 혼자가 아닙니다. 나도 누군가의 문으로 열리기 시작합니다. 슬픔 속에도 기쁨을 업고 뛰어갑니다. 당신을 향해.

3

하얀 치자꽃 향기가 집 안에, 마음 안에 가득합니다. 노란 쑥갓꽃도 소박하게 피었습니다. 꽃은 언제나 소리 없이 피고, 어떤 빛깔이든지 무리 없이 아름답습니다. 자연의 질서는 얼마나 큰 아름다움인지 — 저도 자신의 소임에 충실하며 꽃처럼 조용하고 따뜻한 긍지를 지닌 사람으로 살고 싶습니다.

4

봉사에는 '적당히'도 '부분적'도 아닌, 자신을 온전히 내놓는 깨어짐이 있어야 합니다. 주님, 저는 당신 앞에 늘 심지가 약한 한 자루의 초입니다. 도와주시지 않으면 오랫동안 불을 켠 채로 있을 수가 없습니다. 이제 당신의 생명으로 내가 살게 하시고, 당신의 빛으로 내가 보게 하소서. 당신의 기쁨으로 기뻐하게 하시고, 당신의 평화로 평화롭게 하소서. 모든 이의 모든 것이 되게 하소서. 당신 친히 내 심지를 튼튼하게 하소서.

5

너무 좋은 것들에 늘 젖어 살다 보면, 너무 무심하게 살아 버리기 쉬운 데서 오는 안타까움. 한 예술가의 위대한 작품을 귀한 줄도 모르고 건성으로 보아 넘기듯이, 때로는 당신이 주신 아름다운 선물들을 다 놓쳐 버리고 마는 안타까움.

6

저의 매일은 자질구레한 유혹에서의 탈출Exodus이라고도 볼 수 있습니다. 성을 내고 싶은 유혹에서, 변명하고 싶은 유혹에서, 부탁을 거절하고 싶은 유혹에서, 말을 해야 할 때 말하기 싫은 유혹에서, 말을 안 해야 할 때 말하고 싶은 유혹에서 저를 지켜 주소서. 자신이 죄인이라고 입으로만 고백하고 마음으로는 고백치 않으려는 이 어두운 메마름에서 구해 주소서.

7

저의 배고픈 영혼이 죽는 날까지 당신을 향한 끝없는 그리움에 가난하게 하소서. 가난한 자 되는 용기를 잃지 않게 하소서. 주님, 당신께 도착하기까지의 모든 방황과 쓰라림을 끝까지 견디어 내는 작은 순례자이게 하소서.

8

하얗게 피어난 선인장 꽃들이 눈부시게 아름답습니다. 저의 마

음 안에도 그런 꽃을 피워 보고 싶습니다. 주님, 당신 안에 나날이 행복하고, 또 새로움과 놀라움에 설레는 시인의 가슴으로 살고 싶습니다.

9

소나무에 얽힌 줄장미, 삼변초라는 꽃나무, 파꽃, 양파꽃, 민들레를 비롯한 조그만 들꽃들의 모습이 마음 깊이 자리해 있습니다. 조용하고 분별 있게 때에 맞는 꽃들의 질서와 조화를 통해 늘 기도를 배웁니다.

10

고통이 산으로 막혀 와도 삶은 하나의 큰 축복이요 선물임을 다시 알게 해 주시니 감사합니다. 참으로 깊이 감사할 수 있는 마음을 주신 주님, 감사합니다.

1985. 7 「샘터」

기도 일기 11

진주를 발견한 기쁨으로

1

내가 당신의 사랑으로 사랑하는 모든 것들은 아무리 작은 것이라도 놀라운 축복이게 하소서. 내가 당신의 사랑으로 포기하는 모든 것들은 아무리 하찮은 것이라도 놀라운 축복이게 하소서. 당신의 이름 안에 뜻을 찾는 나의 날들이 나와 이웃을 묶는 놀라운 축복이게 하소서. 내가 늘 부끄러운 죄인임을 당신 앞에 부끄리지 않게 하소서.

2

조용히 비가 내립니다. 내가 살아서 저 빗소리를 들으며 골똘히 생각할 수 있는 한 인간인 것을 새삼 경이롭게 느껴 봅니다. 비 오는 날은 더 깊이 자신을 성찰하며 고해 준비를 하고 싶고, 당신의 사랑을 기억하며 비에 젖은 꽃과 나무와 풀잎들을 바라보고 싶습니다. 가슴속을 흐르는 시냇물 소리에 또한 시를 쓰고 싶은 날이기도 합니다.

3

당신은 참으로 사랑이십니다. 오늘도 나에게 문을 열어 주십니다. 그 집에 들어가기가 참 좋습니다. 오늘 아침, 신을 벗어 들고 신나게 성당 안으로 뛰어 들어가 기도하던 그 천진한 어린이처럼 늘 망설임 없이 당신께 가게 하소서. 당신 앞엔 언제나 초록 옷을 입은 초록의 아이 마음으로 살게 하소서. 여리고도 강인한 작은 풀잎처럼 어둠에도 살아남아 당신을 찬미하게 하소서. 기도보다 더한 힘이 없음을 오늘은 더욱 확실히 믿습니다.

4

웃음소리가 파도를 닮은 나의 소중한 자매들과 함께 바다에 갔었습니다. 오늘 따라 물빛은 유난히 파랬습니다. 수평선을 바라보며 모래를 밟으면 행복한 느낌. 안데르센의 「인어 공주」와 리처드 바크의 「갈매기의 꿈」을 번갈아 떠올리며 바다에 서면, 바다 같은 그리움이 전신을 휩싸 옵니다. 바다보다 더 넓고 깊은 침묵 속에 계시는 당신의 이름을 크게 불러 봅니다. 젖은 모래처럼 부드럽고 겸허하게 스며드는 마음을 갖고 싶습니다. 너무 아름다워 우리가 몇 번이나 올려다본 갈매기의 그 유연하고 자연스런 몸짓처럼, 춤추며 당신 앞에 나아가게 하소서.

5

이 세상에서 가장 값진 보물을 발견하고도 가진 바 모두를 팔지 못하는 어리석음에서 나를 구해 주소서. 나의 모든 순간들이 당신께로 향하는 마음의 결단을 요구하고 있습니다. 내가 선택한 진리, 내가 선택한 사랑인 당신을 위해 아무것도 더는 남겨 두지 말게 하소서. 주님, 가장 귀한 진주를 발견한 자의 기쁨으로 당신께 나아가게 하소서.

6

착한 사람들 사이에서 착해지기가 왜 이리 어렵습니까? 왜 당신은 내가 견디기 어려워하도록 다른 이의 약점만 보게 되는 순간을 허락하십니까?
"사람의 아름다운 점을 찾아내고 아름답게 보는 생활이 주님께서 좋아하시는 신앙 생활입니다. 느끼는 것보다 생활하는 것입니다"라고 써 주신 B 신부님의 말씀을 묵상합니다.

7

주님을 뵈오러 나무 위에 올라간 자캐오처럼, 자기가 원하는 바를 행동으로 옮기는 적극적인 삶의 자세를 취하고 싶습니다. 자캐오가 자신의 키보다 더 낮게 자신을 낮추어 겸손했듯이, 나도 당신 앞에 작아지는 겸손을 배우게 하소서. 나를 언짢게 하는 남의 말에 즉시 화를 내지 않을 수 있다면, 내 뜻에 어긋나는 어른과 형제의 뜻에도 좋은 마음으로 순명할 수 있다면, 이 또한 내 교만의 키를 겸손으로 낮추며 당신만이 날 알아보실 수 있는 나무 위로 올라가는 행위라 믿고 싶습니다. 그러나 나는 왜 이기심의 포로가 되고 나서야 참된 자유를 갈망하는지, 왜 무모한 행동을 한 뒤에야 분별력의 중요성을 깨닫는지, 왜 냉정하고 불친절한 뒤에야 온정과 자비심과 애덕의 중요성을 깨닫게 되곤 하는지 모르겠습니다.

8
사랑은 꿈이나 관념이나 추상이 아닌 실제의 행동이나 구체적인 표현을 통해 확인됨을 다시 배웁니다. 옥합을 깨뜨려 주님의 발에 향유를 부은 막달레나처럼 나도 아낌없이 자신을 부수고 비울 수 있는 용기를 주소서. 내 육신이 하나의 옥합이고 내 영혼이 향유라면, 이 모두를 당신께 드립니다. 깨끗하지 못하고 향기롭지 못하더라도 드릴 수 있는 것의 행복을 허락받고 싶습니다. 나의 모든 순간이, 나의 하루가, 그리고 나의 전 생애가 당신 앞에 향유를 부어 드리는 사랑의 행위가 되게 하소서. 간절히 기도할 때마다, 인내할 때마다, 봉사할 때마다 나는 당신께 향유를 부어 드리는 여인이 되며, 노력과 은총 안에서 향유는 결코 떨어지는 일이 없음을 알게 하소서.

9
자신의 뜻대로 먼저 행동하고 나서야 당신 뜻을 내 뜻에 맞추려는 어리석음을 자주 범했습니다. 항상 말로만 당신 뜻을 따르고 말로만 순명했던 나, 자신의 부족한 점마저 남이 좋게 인정하기를 바랐던 나, 옷단에 늘어뜨린 장식용의 술처럼 거치장스런 변명과 합리화와 허영의 말들을 달고 다닌 나를 불쌍히 여기소서.

10
내가 당신을 따른다는 것은 나와 정든 것과의 아낌없는 결별이며 당신과의 새로운 해후입니다. 유예 없는 결단이며 지체 없는 출발입니다. 또한 낯선 것과의 만남이기도 합니다. 그물과 배를 버리고 당신을 따라나선 제자들처럼 모험을 받아들이는 용기 있는 행위. 당신을 따른다는 것은 그러므로 사랑하는 일입니다. 사랑의 고백을 세 번 거듭한 시몬 베드로처럼 당신께 대한 사랑을 매사에서 확인하는 기쁨의 응답입니다.
"사랑은 나의 인력, 당겨지는 대로 그리로 나는 쏠린다"고 한 성 아우구스티누스의 말씀과도 같이 당신 아닌 그 무엇도 나의 배고픔을 채워 줄 순 없습니다. 당신의 좁은 길을 넓은 마음으로 다시 시작하려 하오니, 지금껏 나를 이끄시고 보살피신 그 크신 사랑으로 나를 새롭게 하여 주소서. 내가 당신을 잘 듣지 못하고 알아듣지 못한 건, 나 자신이 변화되지 않았기 때문이었습니다. 주님, 당신 은총으로 나를 새롭히소서.

1983. 가톨릭 문우회 수상집 「어쩌면 한 알의 씨앗이었을지도」

열매를 위한 꽃처럼

나는 몽당연필에 뚜껑을 씌워 필통에도 하나 넣어 두고, 수도복 주머니 속에도 하나 넣어 둔다. 나의 성당 자리 한구석 수첩 옆에도 놓아 두고, 때로는 내 나름대로의 의미를 붙여 선물용으로 애용하기도 한다. 아침마다 새로 맞는 나의 매일매일도 한 자루의 새 연필과 같은 것. 나는 기쁘고 고마운 마음으로 이를 받아들고 열심히 깎아 써야 하겠다. 나 역시 한 자루의 연필이 되어 자신을 깎이는 겸손과 사랑의 서약을 더욱 새롭게 해야겠다.

그와 내가 다른 점은

만일 그가 그의 일을 끝내지 않았다면 그는 게으르다 하고, 내가 일을 끝내지 않았다면 나는 너무 바쁘고 많은 일에 눌려 있기 때문이라 하고,

만일 그가 다른 사람에 관해서 말하면 수다쟁이라 하고, 내가 다른 이에 관해서 이야기하면 건설적인 비판을 한다고 하고,

만일 그가 자기 관점을 주장하면 고집쟁이라 하고, 내가 그렇게 하면 개성이 뚜렷해서라 하고,

만일 그가 나에게 말을 걸지 않으면 콧대가 높다고 하고, 내가 그렇게 하면 그 순간에 복잡한 다른 많은 생각을 하고 있기 때문이라 하고,

만일 그가 친절하게 하면 나로부터 무엇을 얻기 위해 그렇게 친절하다 하고, 내가 친절하면 그것은 내 유쾌하고 좋은 성격의 한 부분이라 하고,

그와 내가 이렇게도 다르다니 얼마나 딱한가!

— 인도 속담

몇 년 전, 수원에 있는 '말씀의 집'에서 피정을 하는 동안, 그곳의 벽에 붙어 있던 이 말은 유난히 내 마음에 와 닿았다. 그동안 내용만을 대충 기억하고 있다가 정확한 말을 외고 싶어, 그곳 최 수녀님에게 글을 드렸더니 정성껏 타이핑해서 보내 주셨다. 몇 번을 되풀이해 읽어도 실감이 나는 이 말을 나는 두고두고 내 반성의 자료로 삼기로 했다.

대체 어느 누가 이렇게 사람의 마음을 잘도 꿰뚫었을까. 남을 이해하는 일에는 인색하면서도 자기를 이해하는 일에는 너그러우며, 남에게는 변명의 틈을 주지 않으면서 자신에게 늘 변명의 여지를 두는 인간 심리를 그대로 반영시킨 말인 것 같다.

나 역시 돌이켜 보면 겉으로 드러나는 말과 행위로는 물론, 마음 속으로도 이런 식의 판단을 해 온 적이 많았음을 부끄러워하게 된다. 그러나 참으로 성숙하고 덕스러운 사람일수록 오히려 남에게 관대하며, 자기에겐 엄격하게 구는 면을 실제로 보게 되는 것이다. 우리를 감동시키는 성인들과 위인들의 삶은 모두 그런 것이 아

닐까. 나도 매일 애는 쓰지만 자신을 마음으로부터 작게 만드는 겸손이 결코 쉽지 않다. 내 삶의 길 위에서 때로는 못마땅한 모습으로 걸어오기도 하는 여러 유형의 '그'들을 한결같은 인내로 사랑하는 일도 어려우며, 나의 결점과 실수를 아주 정직하게 받아들이는 일도 어렵다.

그러고 보니 나는 한동안 나의 내면을 깊이 들여다볼 틈도 없이 너무 바쁘게만 살았다. 다른 이를 내 느낌과 생각대로만 속단한 적도 많았고, 내 사소한 잘못들에 대해서도 용서를 청하는 일에는 느리기만 했다. 남이 일러 주는 충고의 말에도 선뜻 고맙다는 말을 하기보다는 언짢은 표정부터 지은 일이 마음에 걸린다.

"군자는 모든 것을 자신에게서 찾아보고, 소인은 남에게서 찾아본다"는 「논어」의 한 마디와 "선한 사람은 변론하지 않는다"는 「도덕경」의 한 마디도 더불어 묵상하며 나의 부족함을 다시 절감하는 이 시간. 날로 무성해 가는 앞뜰의 나무들을 바라보며 그래도 나는 행복하다.

저 초록의 나무들처럼 다시 일어설 희망이 나에게 있으니까. 끝없는 노력은 또한 삶의 기쁨이니까. 오늘도 내가 만나는 많은 '그'들을 더 깊이 사랑하는 은총을 구하며 나는 서슴없이 이렇게 말할 수 있어야겠다.

"만일 그가 그의 일을 끝내지 않았다면 그는 너무 바쁘고 많은 일에 눌려 있기 때문이라 하고, 내가 일을 끝내지 않았다면 나는 게으르다"라고.

1984. 6 「샘터」

겸손의 큰 우물을 파리라

 칙칙한 검은 옷을 벗고 흰 옷으로 갈아입은 수녀들의 성가 소리가 오늘은 유난히 맑고 높다.
 제단 앞에 꽂힌 아리움이라는 보랏빛 꽃을 보니, 무수한 작은 꽃송이들이 모여 하나의 큰 원을 이루고 있는 모습이, 우리처럼 함께 모여 살고 있는 삶의 즐거움을 말해 주는 듯하고, 성모상 앞에 꽂힌 안개꽃을 보니, 내 마음속에도 안개꽃처럼 소소한 소망의 말들이 피어나는 것 같다. 창 밖의 새들마저 명랑한 합창으로 우리와 어울리는 아침기도 시간은 참으로 행복하다.
 조용히 눈을 감고 있으려니 문득 "여러분의 생활이 여러분의 입과 다른 음률로 노래하지 않는지 생각하십시오"라는 성 아우구스티누스의 말씀이 떠오른다. 또한 "여러분은 기도로써 많은 도움을 주는 것 외에는 모든 사람에게 골고루 덕을 입히리라 생각지 마십시오. 그저 함께 사는 이들에게나 잘하려 힘쓰십시오. 주님께서는 일의 크기를 보시지 않고 어떠한 사랑으로 하는가를 보십니다"라고 그의 수녀들에게 누누이 당부하신 아빌라의 성녀 대 데레사의 말씀도 스쳐 간다.

모든 생활이 다 그러하겠지만 수도 생활 역시 큰 뜻과 이상을 좇는 생활이다. 그러나 이러한 이상도 자기 자신과 현재의 생활에 대한 성실과 인내를 토대로 해야만 더욱 빛나게 펼쳐 갈 수 있다. 모든 이를 선으로 인도하고 신앙의 길로 이끌어 보겠다는 거룩한 열망조차도 때로는 허영의 걸림돌이 될 때가 적지 않은 것이다.

오늘의 내 평범한 일과를 소홀히 하면서 어떻게 내일의 위대한 나를 꿈꿀 수가 있으며, 작은 일 하나도 잘 참아 내지 못하는 내가 어떻게 다른 이는 늘 바다처럼 넓고 큰 마음의 소유자이길 바랄 수가 있겠는가. 수도의 연륜이 깊어지면 질수록, 기도도 좀 더 잘 되고 남을 사랑하는 일도 좀 더 쉬워지면 좋으련만, 오히려 그 반대로 느껴지니 안타깝다.

거의 소식 없이 지내던 어릴 적 친구들을 우연히 만나게 되면 "얘, 너는 그렇게 성스럽게 되었는데 난 이게 뭐니"라고 말해서 나를 곧잘 당황하고 부끄럽게 만든다. "성스럽게 느껴지는 건 이 옷이지 내가 아냐"라고 말해도 믿으려 들지 않는다. 그리고 무슨 큰 고민이라도 생길 양이면, 편지나 전화로 기도를 부탁하는 태도가 얼마나 진지한지 모른다. 지금껏 살아오면서 내가 부탁받은 기도의 분량은 얼마나 될까. 또 내가 다른 이로부터 힘입은 사랑의 기도는 얼마나 큰 것일까. 이래저래 나는 빚쟁이일 수밖에 없다는 생각이 든다.

그래서 살아 있는 동안은 정말 한눈팔 시간이 없다. 은총의 도움 없이, 내 힘만으로는 도저히 갚을 수 없는 사랑과 기도의 빚을 조금이라도 갚는 길이 있다면, 나의 삶 전체를 기도로 꽃피울 수 있도록 열심히 살아가는 일이다. 남에겐 기도하라고 자주 타이르면서 자기는 기도하지 않고, 남에겐 믿음이 부족하다고 잘도 꼬집으면서 자신은 형편없는 불신자로 남을까 봐 두렵다.

마음 깊은 곳에 겸손의 큰 우물을 파리라 결심하며 「종교박람회」라는 책 속의 한 이야기를 꺼내 읽는다. "저마다 인류를 변화시킬 생각은 제법들 하면서 자기를 변화시킬 생각은 좀처럼 없다"고 토를 달고 있는 이야기이다.

젊은 시절에 나는 혁명가였고 하느님께 드리는 나의 기도는 이것이 모두였다. "주님, 나에게 세상을 개혁할 힘을 주소서."

중년에 이르러, 단 한 사람의 영혼도 고쳐 놓지 못한 채 내 반생이 흘렀음을 깨닫자, 내 기도는 이렇게 달라졌다. "주님, 나와 접촉하게 되는 모든 사람들을 변화시킬 은총을 주소서. 그저 가족과 친지들만 개심시켜도 만족하겠나이다."

이제 노인이 되어 죽을 날도 오늘내일하게 되고 보니, 이제야 내가 얼마나 어리석었던가를 알기 시작했다. 이제 나의 유일한 기도는 이것이다. "주님, 나 자신을 고칠 은총을 주소서."

처음부터 이렇게 빌었던들, 일생을 허비하지 않았으련만.

— 「종교박람회」 수피 교도 바야싯의 체험담 '나의 기도'

1984. 7 「샘터」

시를 읽는 기쁨

　누군가에게서 기쁨과 감동을 느꼈다면 마땅히 감사드리는 것이 도리가 아닐까 해서 이 글을 드립니다. 수녀님의 시를 대하는 순간 진실성과 순결성이 느껴지는 것은 저도 어쩔 수가 없었어요. 표현은 못하겠어요. 맞아요. 바라보고만 싶은, 그리고 그대로 정지하고픈 축복의 순간 같은 느낌. 수녀님의 책은 난생처음으로 비닐 커버를 씌워 아껴 보고 다른 책들과 분리해 놓는 책이 될 수밖에 없어요. 이 고운 시집들을 발견하도록 해 주신 주님의 은혜가 항상 수녀님과 같이하시길 빌어요.

　이는 주소도 밝히지 않은 어느 의대생이 내게 보낸 편지의 일부다. 정말 우연한 기회에 세상에 선보이기 시작한 시집 덕분에 이런 유의 글들을 나는 그동안 적지 않게 받아온 터이지만, 누군가 나의 글을 읽고 감동했다는 말은 좀처럼 믿겨지지 않을 만큼 놀랍고 부끄럽다.

그러면서도 한편은 기쁨을 감출 수 없어 독자들의 편지 속에 인용된 나의 시들을 다시 읽어 보기도 하고, 한동안 비켜 두었던 묵은 시들을 꺼내서 소리 내어 읽어 보기도 하다가, 아무래도 나의 시만으로는 초라해서 평소에 모아 둔 다른 분들의 시들을 초대하여 더욱 풍요한 시의 잔치를 벌인다.

방 안에 한 자루의 촛불이라도 밝혀 놓고 시를 읽는 평화와 기쁨의 맛을 어떻게 표현할까. 우선 혼자서 거듭 읽고 맛 들인 다음엔 친구와도 나누어 가지는 시의 나눔.

어린 시절부터 나는 시를 읽고 쓰고 모으기를 좋아했다. 시를 쓰는 일이 부담 있는 기쁨이라면 시를 읽는 일은 부담 없는 기쁨이 아닐까 싶다. 좋은 시를 골라서 빈 노트에 옮겨 적고, 낙엽이나 꽃잎으로 장식을 하느라고 특히 가을엔 바쁜 시간을 보냈다. 여학교 시절엔 아예 밤을 꼬박 새우며 이런 작업에 몰두하다, 어른들께 걱정을 들은 일도 있었다. 누가 시키지도 않았건만, 시를 모으는 일은 값진 보석을 모으는 것만큼이나 행복했다.

수녀원에 와서도 꽤 오래 간직했던 시 모음 노트들이 어느 날 문득 별난 애착으로 느껴져 모조리 불태워 버린 일도 있었지만, 어느새 내겐 또 몇 권의 노트가 생겼다.

지금은 형편상 중단되었지만, 일주일에 한 번 있는 예비수녀들의 문학수업 시간에 많은 시들을 소개하다 보니 그리되었다. 시라고 하면 으레 고개를 흔들 만큼 거리감을 느끼던 이들조차 "이젠 시의 맛을 좀 알 것 같다"든가 "시를 자꾸 읽으니 시가 좋아진다"

는 말을 할 땐 퍽도 고마웠다.

우리 수녀님들도 요즘은 시를 읽는 모습이 꽤 눈에 띈다. 편지를 쓸 때의 인사말로 인용되기도 하고, 어떤 기도 모임에선 긴 말의 기도 대신 한 편의 짧은 시가 낭송되기도 한다.

서로 돌아가며 노래를 부르는 좌석에서도 노래 대신 한 편의 시를 읊을 수 있다면 이 또한 얼마나 멋진 나눔의 기회인가. 며칠 전 파푸아뉴기니에서 선교하시는 Y 신부님의 부탁으로 시집을 사러 책방에 갔다가 많은 젊은이들이 시집을 고르고 있는 모습을 보고 흐뭇했다.

버스나 전철 안에서도 시집을 읽고 있는 이들을 보면 나는 꼭 한 번 더 쳐다보게 되고 정다운 인사 한마디라도 나누고 싶은 마음이 된다.

잎이 지고 열매들만 남아서
나무들이 보여 주는 당신의 뜻을
이 가을에도 눈 있는 사람들은 보게 하소서
내가 당신의 한 그루 나무로 서서
잎만 무성하지 않게 하시고
내 인생의 추수기에 따 담으실 열매가
풍성하게 하소서

— 최진연의 「이 가을에도」에서

최근에 새로 발견한 이 아름다운 가을의 시구를 기억하며 이 글을 읽는 분들과 나누고 싶다.

이 가을에도 좀 더 많은 이들이 시를 읽는 기쁨을 누렸으면 한다. 단 한 줄의 시가 삶의 빛과 힘이 될 수 있음도 우리는 직접 읽음의 체험을 통해서만 알아듣게 될 것이다.

1984. 10 「샘터」

내 발걸음 이끄시어

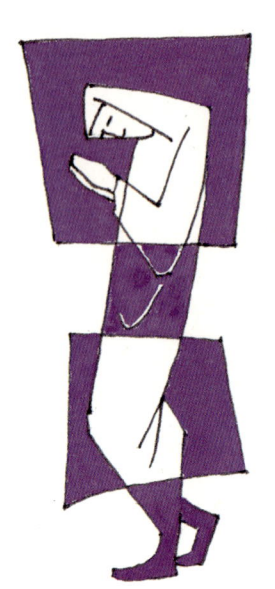

내가 걸어다닌 수많은 장소를
그는 알고 있겠지
내가 만나 본 수많은 이들의 모습도
아마 기억하고 있겠지

나의 말과 행동을 지켜보던 그는
내가 쓴 시간의 증인
비스듬히 닳아버린 뒤축처럼
고르지 못해 부끄럽던 나의 날들도
그는 알고 있겠지

언제나 편안하고 참을성이 많던
한 켤레의 낡은 구두
이제는 더 신을 수 없게 되었어도

선뜻 내다 버릴 수가 없다

몇 년 동안 나와 함께 다니며
슬픔에도 기쁨에도 정들었던 친구
묵묵히 나의 삶을 받쳐 준
고마운 그를

— 졸시 「낡은 구두」

우리 집 현관에는 언제나 크고 작고, 넓고 좁은 열 식구의 발 모양에 따라 까만 구두들이 하나 가득 널려 있다. 아무리 정돈을 잘 해 놓아도 바삐 다니다 보면 이내 흩어져 버리기 일쑤이며 각자가 한 켤레 이상 내놓게 되면 더욱 무질서해진다.

그래도 신기한 것은 같은 검은 빛깔이며 모양 또한 비슷비슷한 것이 꽤 많은데도 불구하고 우리는 좀처럼 신을 바꾸어 신는 일이 없다. 때로는 전깃불이 나가 겨우 발로 더듬어서 찾아 신게 되는 경우라도 자기의 신발은 참 용케도 잘 찾아 신는다. 그리고 헌 구두와 새 구두가 같이 있을 땐 무의식적으로 헌 것부터 익숙하게 찾아 신게 된다.

아주 오래 신어서 닳고 닳은 구두를 기워 신다가 기어이 버리고 말 때가 되면 왜 그리 서운한 마음이 되는지 모르겠다. 어느 날, 비스듬히 닳아 못 쓰게 된 나의 구두 한 켤레를 유심히 들여다보다가 앞의 글을 적어 본 것이다.

몇 년 전 젊은 나이에 암으로 세상을 떠난 T 수녀의 빈방에 들어갔을 때 그가 평소에 신고 다니던 까만 구두 한 켤레가 유난히 눈물을 자아내던 기억이 있다. 그때부터 신을 신는 행위는 곧 살아 있는 자들의 특권이라는 사실이 더 새롭게 느껴져 왔다.

이제 또 한 해가 저물어 가고 있다. 한 장 남은 12월 달력 위의 나목裸木들을 본다. 잎도 열매도 모두 떨구어 버리고 봄을 기다리는 모습이 쓸쓸하기보다는 오히려 아름답고 평화로워 보인다. 지나온 날들을 깊이 성찰해야 하는 한 해의 마지막 달. 나 자신의 노력 부족에서 오는 아쉬움과 후회가 가득하지만 풍요한 기쁨들로 가득했던 시간들이었음을 또한 감사하고 싶다. 어떤 어려움에도 버틸 수 있는 내적인 기쁨과 평화를 나는 가까운 곳에서 찾아냈다.

평범하고 단조로운 일상의 소임에 대한 애정과 충실에서 찾았으며 기도하는 마음에서 찾았다. 안에서 만드는 기쁨은 늘 힘이 있다. 그래서 다른 이의 좋은 점을 잘 보게 해 주며, 결점투성이인 나 자신도 실망하지 않고 받아들이게 해 준다. 그리고 자칫 빠져 버리기 쉬운 타성의 늪에서 나를 일으켜 세워 주곤 한다. 이러한 기쁨의 힘에 의지하여 나는 감히 지난 한 해도 열심히 살았다고 말하고 싶어진다. 매일매일을 나는 처음 받는 선물처럼 소중하게 대하며, 기쁨으로 길들이는 삶을 위해 나름대로 애썼기 때문이다.

이제 나는 또 한 켤레의 낡고 정든 신을 벗듯이 지난 한 해를 벗어 버리게 될 것이다. 고마운 눈빛으로 그를 보내고 나면 또 새로운 한 해를 새 신발처럼 갈아신게 되겠지. 아직은 건강하게 살아서

신을 신고 다니는 나의 발걸음이 보다 밝고, 곧고, 힘차고, 떳떳한 것이기를 기도해 본다.

    당신의 말씀으로 내 발걸음 이끄시어
    어느 악도 내 안에서 못 이기게 하소서
    내 발길 걸음마다 주님 앞에 있사오니
    명하심과 그 법에 충실하옵나이다

                                                   - 「시편」 119에서

                                                       1984. 12 「샘터」

기쁨이 자라나는 방

항상 밝은 목소리로 기쁨의 말을 하고, 얼굴엔 기쁜 빛이 감도는 이들을 만나기란 그리 쉬운 일이 아니다. 길에서나 버스 안에서도 활짝 갠 얼굴보다는 침울하고 무표정한 얼굴들이 더 많이 보이는 듯하다.

우리의 언어생활을 살펴보아도 긍정적인 표현보다는 부정적인 표현을 더 쉽게 하고, 기쁨의 표현엔 인색한 데 비해 슬픔의 표현은 푸념이나 한탄조로 쉽게 흘러나오는 것을 보게 된다.

최근에 다시 읽은 루이 에블리의 다음 말은 내게 많은 것을 생각하게 해 주었다.

어떻게 된 셈인지 그리스도교 신자들은 기쁨을 못 미더워한다. 행복이 한아름 주어지면 어쩔 줄 몰라 불안해하고, 거북한 태도를 짓는 것은 하느님을 잔인하고 오기가 많은 분으로 여기는 소치이다. 그래서 억지로 제물을 드리고 터줏대감 모시듯 희생을 상납한다. 가공할 불신의 표시가 아니고 무엇이겠는가? 그 어른의 소원은 우리가 사랑과 신뢰와 기쁨 속에 무럭무럭 자라나는 것뿐인데도.

이렇듯 기쁨은 우리 자신들이 잘 키워서 꽃피우고 열매맺게 해야 할 신적인 선물이다. 성실한 자아 수련을 필요로 하는 덕의 향기이다.

우리 수녀원에서 벌써 10년 가까운 세월을 앓고 계신 윤 수녀님은 우울한 병실을 '기쁨의 방'으로 변모시키신 기쁨의 모델이다. 극진한 애정으로 어린이 환자들을 돌보는 소아과 의사로서 일하시던 중에 척추에 이상이 생겨 꼼짝도 못한 채 누워 계신 길고 긴 시간들은, 매사에 열정적이고 활동적인 그분의 성품으로 보아 얼마나 지루하고 답답할까 싶었다.

그러나 수녀님은 문병 간 사람들이 무색할 정도로 한결같은 웃음을 잃지 않고 사신다. 매일 만나는 이들도 늘 처음 대하듯이 반색을 하시고, 똑같은 내용의 기도문도 새로움과 즐거움으로 정성껏 외시는 그분 앞에서 나는 부끄러운 적이 많았다. 침대에 누우신 채로 기도하고, 책도 읽고, 편지도 많이 쓰시는 그분은 당신이 짜 놓은 일과표에 따라 생활하기도 여간 바쁜 게 아니라고 하신다.

촛불을 켜 놓고 혼자서 조용히 묵상하는 수녀님의 모습은 고통 중에서도 퍽 행복해 보이신다. 어린 자매들이 성가를 부르려고 그 방에 들어가면, 설레는 기쁨을 감추지 못해 두 손을 합장하고, 60이 넘은 분답지 않게 두 뺨이 붉게 물드는 것을 볼 수 있다.

때로는 어린 시절에 즐겨 부르시던 동요를 천진한 어린이처럼 손동작까지 곁들여 불러 주시기도 하고, 동요에 얽힌 우리 민족의 한을 얘기해 주시기도 한다. 이백 명 가까운 서원 수녀들이 "우리의, 나의 소중한 수녀님"으로 시작되는 그분의 편지를 한 번쯤은 다 받아 보았을 것이다.

글의 내용은 늘 기쁨과 감사와 경이에 가득 찬 최상급의 단어들로 이루어졌으나 그분에게 있어서는 조금도 과장이 아닌 진실임을 우리는 알고 있다.

고운 카드가 부족할 때는 쓰다 남은 포장지나 크리넥스 상자의 꽃무늬를 흰 종이에 오려 붙이는 창의력도 서슴없이 발휘하시는 수녀님도 지금쯤은 더욱 바쁘실 것이다. 성탄과 새해를 위한 마음 준비 하시랴, 축일을 맞아 병실로 인사를 오게 될 자매들을 위해 작은 선물 하나라도 더 마련하시랴 쉴 틈이 없으실 것이다.

기쁨은 참으로 자기를 아낌없이 비워 낸 자, 끊임없이 사랑하고 기도하고 인내하는 자의 몫임을 나는 그분을 통해서 배울 수 있었다.

어디서나 기쁨의 표징이 되어야 할 수도자들 역시, 깊이 깨어 살지 않으면 감정의 생기를 잃고, 무기력·무관심·무감동의 생활에 빠져 버리기가 쉽다.

또 새로운 한 해를 맞아 나도 참된 기쁨의 소유자가 될 수 있길 희망하며 이 한 구절을 가슴에 새겨 둔다.

기꺼이 인생을 긍정해야만 사람은 스스로 회심할 수 있고 또한 주위 세계의 변혁에 이바지할 수도 있다. 삶의 기쁨을 아는 사람만이 또한 이웃도 사랑할 줄 아는 사람이다.

— 헤르베르트 하크의 「즐거워하라」에서

1985. 1 「샘터」

말의 사원寺院을 청정하게

남을 해치는 말은 입 밖에도 내지 마십시오. 오히려 기회 있는 대로 남에게 이로운 말을 하여 도움을 주고, 듣는 사람에게 기쁨을 주도록 하십시오. … 모든 독설과 격정과 분노와 고함소리와 욕설 따위는 온갖 악의와 더불어 내버리십시오. 여러분은 서로 너그럽고 따뜻하게 대해 주며 하느님께서 그리스도를 통해서 여러분을 용서하신 것처럼 서로 용서하십시오.

— 「에페소서」 4장 29-32절

매일 외는 「수도자의 기도」 안에서도 자주 마주치게 되는 이 성서 구절을 읽으며 나는 내 언어생활을 반성해 보곤 한다. 평소에 말에 대해서 자주 생각하고 글도 썼지만, 항상 후회 없는 언어생활을 꾸려 가기란 결코 쉬운 일이 아님을 깨닫는다.

말에 대한 성찰은 모든 사람들이 죽는 순간까지 계속해야 할 중요한 일 중의 하나라고 생각한다.

조금만 더 유의하면 얼마든지 더 아름답고 품위 있는 말씨를 익히며 살 수 있을 텐데 우리의 무관심과 노력 부족으로 인해 바람직한 언어생활을 하지 못할 때도 많은 것 같다.

자녀를 타이르는 부모의 나무람이 미움과 저주에 가득 찬 단어로 흘러 나올 때, 어느 날 버스 안에서 들은 젊은이들의 대화가 너무 거칠고 저속할 때, 그리고 관공서에 갔다가 극히 냉정하고 불친절한 아가씨의 말씨를 들을 때는 문득 슬픈 마음이 된다.

고운 말을 쓰겠다는 마음 자세도 중요하지만, 우리말을 성심껏 배우고 잘 선택해서 쓰려는 외적인 노력도 중요하다. 영어 · 불어 · 독어 · 일어 등 외국어에 대한 향학열에 비해 국어에 대한 배움의 열의는 극히 희박해 보이는 우리의 현실이 안타깝다. 외국 말은 잘하면서 우리말을 제대로 구사할 줄 모른다면 얼마나 부끄러운 일인가. 외국어 사전은 몇 권씩 옆에 두고 자주 이용하면서도 정작 국어사전은 불필요한 것으로 여기거나, 아예 펴 보지조차 않는다면 분명 잘못된 일이 아닐 수 없다.

얼마 전에 많은 분들이 내게 보내 준 성탄카드나 연하장들을 통해서 다시 느낀 점이 있었다. 그것은 우리가 어쩌다 오랜만의 인사를 하는 데 있어서도 극히 상투적인 어휘들에 의존하고 말 뿐, 보다 의미 있고 창의성 있는 말을 찾아 쓰려는 노력이 부족하다는 것이었다.

언제 어디서나 좀 더 아름답고 깊이 있는 언어생활의 주인이 되기 위해서도 우리 각자가 스스로 국어 공부를 게을리하지 말아야 할 것이다. 가장 귀한 선물인 모국어에 대한 애정을 키우는 뜻에서라도 우리말을 꾸준히 배우고, 적절히 찾아 쓰는 연습을 계속해야겠다.

우리말을 다시 공부해야겠다는 생각에서 며칠 전엔 나도 20년간 정들었던 국어사전을 새것으로 바꾸어 놓았다. 하늘·노을·별·꿈·촛불·항아리 등등, 생각만 해도 시가 될 것 같은 말들을 이것저것 떠올려 보면서 새 사전을 사던 그날은 내내 즐거운 마음이었다.

새해에는 내가 쓰는 말들도 더욱 아름다운 빛을 발할 수 있기를 기원하며 이렇게 노래해 본다.

쓰면 쓸수록 정드는 오래된 말
닦을수록 빛을 내며 자라는
고운 우리말

'사랑합니다' 라는 말은
억지 부리지 않아도
하늘에 절로 피는 노을빛
나를 내주려고
내가 타오르는 빛

'고맙습니다' 라는 말은

언제나 부담 없는

청청한 소나무 빛

나를 키우려고

내가 싱그러워지는 빛

'용서하세요'라는 말은

부끄러워 스러지는

겸허한 반딧불이 빛

나를 비우려고

내가 작아지는 빛

— 졸시 「말의 빛」

1985. 2 「샘터」

봄빛 터지는 소리

지난 겨울
추위의 칼로 상처받은 아픔
육교의 낡은 층계처럼
삐걱이는 소리를 내던 삶의 무게도
지금은 그대로 내 안에 녹아흐르는
눈물이 되었나 보다
이 눈물 위에서 생명의 꽃을 피우는
미나리 빛깔의 봄

잠시 일손을 멈추고
어린이의 눈빛으로
하늘과 언덕을 바라보고 싶다
냉이꽃만 한 소망의 말이라도
이웃과 나누고 싶다

봄에도 바람의 맛은 매일 다르듯이
매일을 사는 내 마음빛도
조금씩 다르지만
쉬임 없이 노래했었지
쑥처럼 흔하게 돋아나는
일상의 근심 중에도
희망의 향기로운 들꽃이
마음속에 숨어 피는 기쁨을 —

언제나 신선한 설레임으로
사랑하는 이를 맞듯이
매일의 문을 열면
안으로 조용히 빛이 터지는 소리
봄을 살기 위하여
내가 열리는 소리

— 졸시 「봄 일기」

  가을을 주제로 한 나의 시들이 꽤 많은 편에 비하면 봄에 대한 것들은 얼마 되지 않는데 이 시는 그 중 하나다.
  해마다 봄이 되면 나는 왠지 동심의 향수에 젖어 어린 시절의 추억을 그리워하게 된다. 그래서 내가 다니던 국민학교 교실과 운동장에 일부러라도 한 번 서 보고 싶고, 그때의 친구들 모습을 떠올

리며 지금은 어떻게 변했을까 몹시 궁금해지기도 한다.

오늘은 모처럼 어린이 미사에 참여하였다. 성당 안을 꽉 채운 아이들의 밝고 힘찬 노랫소리는 내게 넘치는 기쁨과 생동감을 안겨 주었다. 여자 애들의 머리에 달린 알록달록한 구슬이며 리본, 꽃이나 나비 모양의 앙증스런 머리핀에도 봄이 와 얹혀 있는 듯해서 즐거운 마음이었고, 옆 친구와 장난을 치다가 선생님에게 주의를 듣는 남자 애들의 모습도 귀엽기만 했다.

"우리 하느님께 영광과 찬미" "아버지, 우리 기도를 꼭 들어주세요" 등등, 아무런 근심·불안·의혹 그리고 망설임 없이 토해 내는 그들의 기도소리를 들으며 나는 문득, 노란 민들레꽃들이 가득히 춤을 추는 들판에 선 것처럼 행복했다.

누군가 "어린이는 모습을 바꾼 천사"라고 하지 않았던가. 아마도 하느님은 이렇게 티 없이 맑고, 단순하고, 신뢰에 찬 어린이들의 기도를 안 들어주시고는 못 배기시리라.

무릇 덕에 나아간 사람, 한 생애를 거룩한 사랑과 신앙에 아낌없이 불태운 이들의 모습일수록, 근엄하고 딱딱한 표정보다는 어린이에게서 읽을 수 있는 부드러움, 따뜻함, 자연스러움이 스며 있음을 자주 보게 된다.

이번에 세 번째로 한국을 방문한 마더 데레사나 작년에 다녀가신 교황 요한 바오로 2세의 모습이 많은 이에게 친근감을 줄 수 있었던 것도 바로, 그들이 지니고 있는 이런 온유하고 꾸밈없는 소박한 품성 때문이었을 것이다. 그분들처럼 사랑이 많을수록 행동은

'어린이처럼' 유연해지고, 사랑이 부족할수록 행동은 '어른처럼' 경직되기 쉬운 것이 아닐까 생각해 본다.

자기 자신뿐 아니라 다른 사람의 건강도 조금은 염려하며, "감기 조심하세요"란 인사말이 자주 오가는 봄. 생활 태도를 바꾸어 어린이와 같이 되라는 예수님의 말씀을 새롭게 묵상하며 나도 나태의 잠에서 깨어나 마음 깊이 고인 동심의 샘물을 떠서 세수를 해야겠다.

올해 국민학교에 입학하는 어린 친구 계현이가 내게 선물로 준 그림을 보면, 나의 검은빛 옷이 고운 자줏빛으로 바뀌어 있고, 손에는 큰 가방을 들고 있다. 하늘 위엔 새와 나비가 있고, 땅 위엔 연못과 사과나무도 한 그루 있다.

이 그림 속의 내 모습처럼 즐거운 봄나들이도 꼭 한 번쯤은 해야겠다. 그리고 새봄을 살아야겠다.

1985. 3 「샘터」

기쁨과 감사의 직물을 짜며

헛되이 보낸 많은 날들을 두고 나는 잃어진 시간을 슬퍼하고 있었습니다. 하지만 주님, 그것은 결코 잃어진 게 아닙니다. 임은 내 생명의 모든 순간을 친히 임의 손으로 잡으셨죠. 사물의 핵심 속에 숨으셔서 임은 씨앗을 길러 싹트게 하시고, 봉오리는 꽃으로 피우시며, 그리고 꽃은 열매로 무르익게 하십니다. 나는 피곤하여 침대에 들면서 생각했습니다. 모든 일은 끝나 버렸다고 …. 아침에 일어나자 나는 내 정원이 꽃의 기적으로 가득 차 있는 걸 보았어요.

― 타고르의 「기탄잘리」에서

어릴 적엔 별로 깊은 의미도 새겨 보지 못한 채, 그저 무작정 좋아서 읽은 「기탄잘리」도, 수도생활의 연륜과 더불어 더욱 절실하게 와 닿는다. 지금도 촛불을 켜 놓고 이 한 구절을 읽으려니, 내 마음도 촛불처럼 밝고 따스하고 평온해진다. 문득 촛불 속으로 20년 전의 내 모습이 비쳐 온다.

　수녀원 입회를 위해 서둘러 기차를 타던 그날은 마침 부활축일 전날이었다. 이별의 아픔을 겨우 참고 나를 떠나보냈던 정든 얼굴들이 쉽게 잊혀지지 않았지만, 그 출발의 봄은 희망과 설레임으로 가득했다.

　까만 치마에 흰 저고리를 입고 수도원 규칙과 관습, 날질서 및 예절을 익히던 그 시절의 순수함과 풋풋한 열정이 지금도 그리울 때가 있다. 내 주위 사람들은 그때만 해도, "얼마나 힘들까" 또는 "끝까지 해낼 수 있을까" 하고 근심어린 표정을 지을 뿐, "축하해" 라든가 "잘해 낼 수 있을 거야" 등의 명랑한 인사를 챙겨 주는 이들은 별로 없었다.

　나 역시 단단한 각오 속에 열심히 생활했지만, 시시로 마주치는 자신의 나약한 모습 앞에선 은근히 불안하고 걱정스러웠다.

　극히 사소한 일들로 잠을 설치며 괴로워하거나 눈물 흘린 날들도 있었으며, 수련기 과정에서는 내가 만들어 놓은 '이상적 성인상'에 들어맞지 않는 나 자신과, 또한 함께 사는 이들의 불완전한 모습 때문에 실망도 많이 했다.

'이렇게 발전이 없을 바에야 수도원에서의 날들은 시간 낭비가 아닐까' 하는 의문이 종종 고개를 들기도 했다.

그러나 오랜 세월이 지난 지금은 내가 헛되이 보냈다고 생각되는 시간들조차도 결코 헛된 것은 아님을 깨달았으며, '내 생명의 모든 순간을 잡아 주시는' 생명의 주인이신 분께 매일 새로운 마음으로 나를 봉헌할 수 있게 되었다.

참으로 겸손한 기도란, 아직도 믿음이 부족한 약점투성이의 나 자신을 있는 그대로 인정하는 데서부터 시작된다는 것도 알게 되었다.

비록 좋은 뜻일지라도 자신의 힘만으로 '그 무엇이 되려는' 성취에의 욕심과 집착은 나의 자유를 속박할 때가 많았다. 그러나 빈 마음이 되었을 때는, 예기치 않은 선물까지도 늘 덤으로 받게 된다는 것을 체험할 수 있었다.

개인의 물건조차 '나의 것'이라고 못박기보다는 '우리 것'이라는 표현을 즐겨 쓰는 이들이 많이 사는 곳, 식탁에 마주 앉으면 자기 앞에 와 있는 주전자를 돌려서라도 으레 앞사람의 컵에다 먼저 물을 따라 주는 애덕이 자연스레 실천되는 곳, 조그만 일로도 "감사합니다" "용서하세요"라는 말이 끊이지 않고 오가는 이곳을 나는, "우리 집"이라 부르며 살고 있다.

오늘의 내가 있게 된 것은 물론 많은 분들의 기도에 힘입은 바 크지만, 늘 일상이란 베틀을 통해서 기쁨과 감사의 튼튼한 직물을 짜내려 애썼던, 내 의지와 노력 또한 간과될 수는 없을 것이다.

머지않아 곧 부활축일이 다가온다. 부활달걀에 고운 물감을 들이듯 내 마음에도 새로운 기쁨의 물을 들여야겠다.

멀리 있는 형제들에게, 공동체가 돌려 쓰는 릴레이식 부활 축하 편지에 나는 이 한 구절을 적어 넣으리라.

새로운 마음으로 새로워진 세상은
참으로 아름다운 것임을
알게 하여 주신 주님
오늘은 다시 한 번 기억하게 하소서
당신께 사랑을 고백하여 새로워진 날은
언제나 눈부신 환희의
부활 축제라는 것을 …

1984. 4 「샘터」

나눔의 기쁨

며칠 전 저녁 식사 때 옆 자리에 앉아 계시던 C 수녀님이 내게 꼭 보여 줄 게 있다면서 창 밖의 밤나무 한 그루를 가리키는 것이었다.

"저 제비 입술과도 같은 연둣빛 잎새 좀 봐요. 저런 걸 보고 시를 써야 한다구. 난 주방에서 일하다 말고도 자꾸만 쳐다보고 싶어 죽겠는데 …" 하며 빙그레 웃으시는 그 선배 수녀님의 모습이 퍽도 정겨웠다. 이런 것을 가리켜 나눔으로써 풍요해지는 아름다움의 공유라고 하는 걸까.

한 사람이 먼저 보고 느낀 아름다움을 또 다른 한 사람과 나누어 가질 때 그것은 곧 선물이 된다. 그리고 이런 유의 선물은 어떤 값비싼 물건보다 소중하고, 부담이 아닌 기쁨을 준다.

이제 나는 우리 집 빨래터에 있는 그 밤나무를 볼 때마다 C 수녀님을 기억하며 즐거워하게 될 것이다.

우리 집 묘지로 가는 나지막한 산길의 작은 향나무 한 그루를 보면 어느 날 일부러 나를 데리고 그 나무 앞에 갔던 A 수녀님이 떠오른다.

동물과 새를 유난히 좋아했던 그가 내게 보여 준 그 나무 깊숙이에는 새둥지와 함께 알에서 갓 깨어난 새끼새 세 마리가 있었다. 어미새는 밖에 나간 모양이라며 행여라도 새집이 다칠까봐 걱정하는 그의 마음이 참으로 아름답고 따뜻하게 느껴졌다. 어린 새의 사랑스런 모습을 그 수녀님은 내게도 꼭 보여 주고 싶었던 것이다.

간밤엔 최근에 내가 만난 아름다운 자연 이야기도 간간이 넣어 몇 통의 편지를 썼다.

··· 이곳은 남쪽이라 히말라야송들이 무성해요. 라일락, 튤립, 수선화, 천리향 등 꽃이란 꽃들을 일제히 불러 모아 그 향기를 동봉합니다. 해초 내음 가득한 바닷바람도 함께.

이렇게 쓴 것 역시 받는 이에겐 하나의 선물이 될 수 있을 것이다. 주는 이의 정성과 마음이 담겨 있다면, 아무리 하찮은 것이라도 귀한 선물이 된다.

언젠가 유치원에 다니는 조카애가 제법 생색을 내며 건네준 아이스크림 속에 든 사과 모양의 작은 스티커 한 개와 밥알만 한 잎사귀 한 장, 그리고 많은 소녀들이 내게 편지 속에 넣어 보내는 장미·코스모스 등의 꽃잎과 낙엽들을 나는 함부로 내버릴 수가 없다. 고운 것, 아름다운 것들을 나누어 갖고 싶어 하는 그들의 마음

이 퍽도 순수하고 어여쁘게 느껴지기 때문이다.

"이것은 누구에게도 주지 말고 꼭 당신만 가지세요"라는 단서가 은연중에 붙어 있는 크고 값비싼 선물보다는, 누구하고나 부담 없고 자유롭게 나누어 가질 수 있는 작은 선물이 더 좋은 것 같다.

수도원에서도 특별한 축일이 되면 연필, 메모지, 묵주 주머니, 상본 등의 사소한 물건들을 주고받을 수 있는데 흔히는 이름을 밝히지 않고 준다. 이는 받는 이가 임의대로 다시 사용할 수 있는 여지를 주기 위함이다. 그래서 때로는 자기가 누군가에게 주었던 선물을 얼마 후엔 다시 돌려받게 되는 일도 있어 웃음을 자아낸다. 나 역시 몹시 아끼던 구름 사진 한 장을 선물했다가 그것을 받은 분으로부터 "구름을 좋아하시지요? 이것을 가지세요" 하여 되돌려 받은 일이 있다.

  삶의 매일을 선물받는 고마움과 설레임으로 살았으면 좋겠다. 아니 남에게 기쁨을 주기 위해 선물을 준비하는 마음으로 살 수 있으면 좋겠다.

  선물은 '나'보다는 '너'를 향한 것이기에 우리 마음을 넓혀 준다. 그리고 따뜻하게 한다. 우리 모두가 늘 나누는 기쁨으로 바빴으면 좋겠다.

  삶의 체험담, 따뜻한 말 한 마디, 기도, 봉사의 시간들, 이 모두가 다 기쁨의 선물이 된다.

  마음에 드는 물건을 이것저것 모아 두는 습성이나 취미 역시 자기 자신을 위하기보다는 더욱 필요로 하는 이웃들에게 나누어 주기 위해서 모아 두는 것이라면 얼마나 좋을까.

  문득 "우리가 충분히 나눌 줄을 안다면 / 그 아무에게도 슬픔은 없을 것을…" 하는 노래 한 구절이 생각난다.

  나 또한 매일매일 마음을 넓히며 '나눔의 기쁨' 속에 살 수 있길 다시 한 번 기도해 본다.

1985. 6 「샘터」

막시밀리안 콜베 신부님

　어느 종교를 막론하고 한 생애를 지극한 사랑과 신앙으로 불태운 많은 성인들이 있어 왔고, 그들에 대한 이야기는 언제나 감동을 준다. 그들이 성인으로 불림받는 가장 큰 이유는 신께 대한 믿음과 사랑에 있어서 빼어날 뿐 아니라 이웃을 위해서도 가장 구체적이며 헌신적인 사랑을 실천했기 때문일 것이다.

　이웃을 위해 목숨을 바치는 것보다 더 큰 사랑이 없다는 예수 그리스도의 가르침을 입으로 되뇌긴 쉬워도 몸으로 실천하기란 결코 쉬운 일이 아니다.

　해마다 8월 14일에 축일을 지내는 막시밀리안 콜베 신부는 내가 존경하는 성인들 중의 한 분이시다. 폴란드 태생인 그는 성 프란치스꼬회 수도원에 입회하여 수련을 받은 뒤에 사제로 서품되었다.

　"어머니, 저를 위해 기도해 주십시오. 저의 사랑이 더욱더 빨리 아무런 한계 없이 성장해 갈 수 있도록, 특히 이 사랑이 한없는 것이 되도록 기도해 주십시오"라고 한 어느 날의 그의 편지에서처럼 그는 한없는 사랑을 한없이 실천한 사제였다.

나치에 체포된 후, 아우슈비츠 강제수용소에서 47세의 나이로 죽음을 맞을 때까지 그는, 청빈과 겸손과 인내로 일관된 참으로 눈물겹도록 거룩한 삶을 살았다.

하느님과 성모 마리아를 깊이 사랑했으며, 어려서부터 순교에 대한 열망을 품고 살았던 콜베 신부의 전기를 쓴 마리아 비노프스카라는 작가는 그 책의 서두에서 이렇게 쓰고 있다.

절망 속에 빠져 인간과 신에 대한 신뢰를 완전히 잃어버린 어떤 친구의 도전을 받았을 때 나는 콜베 신부를 생각했다. "살육이 자행되는 강제수용소 안에도 성인이 있단 말이냐? 진정한 성인, 자신보다도 이웃을 더 사랑한 성인이 있다면 내게 보여 달라." 나는 그 도전에 응하기 위해 이 책을 썼다.

1941년 7월 어느 날, 콜베 신부가 갇혀 있던 감방에서 한 도망병이 생겼고, 그 때문에 한 방에 있던 수인 10명이 아사형 감방에 보내어져 잔혹한 죽음의 형벌을 받지 않으면 안 되었다.

콜베 신부는 그 명단에서 제외되어 있었다. 그런데 이름 불린 10명 중 한 사람이 자기는 부인과 아이들이 있으니 제발 살려 달라고 울부짖었다.

어떻게 해서라도 살고 싶어 발버둥치는 사람들 틈새에서 문득 콜베 신부가 그 사나이를 위해 대신 죽겠다고 나섰다. 평소에도 자

기 몫의 빵을 남에게 양보하곤 했던 바로 그 사람이었다. 마침내 명단 가운데 한 번호가 지워지고 콜베 신부의 번호인 1667번이 대신 적혔다.

'지옥의 축소판'이라고까지 불리는 아사 감방에서, 보름간 굶주린 후 끝내는 독약 주사를 맞고 숨질 때까지, 콜베 신부는 한결같은 사랑으로 수인들을 돌보고 위로했으며, 기도하는 성자의 모습을 잃지 않았다고 전해진다.

— 존경하는 콜베 신부님,

지금부터 50여 년 전, 당신이 일본으로 선교하러 가실 때 잠시 들르신 적이 있는 한국에도 이제는, 당신의 뒤를 따르는 프란치스꼬회 형제들이 여러 곳에 살고 있으니, 얼마나 놀랍고 반가운 일입니까. 몇 년 전에 처음으로 당신의 전기를 읽고 저는 대단한 충격을 받았습니다. 그리고 자주 당신을 기억합니다.

잠과 음식에 대한 절제가 힘들어질 때, 당신 모습을 떠올리면 정신이 번쩍 들곤 합니다. 이웃사랑도 기호에 따라 선택적으로 하려는 편협한 마음이 들 때는, 알지도 못하는 이를 위해서까지 목숨을 내놓은 당신의 그 넓고 큰 사랑 앞에 얼굴 붉히게 됩니다. 당신이 이루신 사랑의 순교는 결코 즉흥적인 것이 아니라, 평소 열심하고 경건한 생활의 열매임을 믿습니다.

영적인 발전이 아니면 그 아무것도 발전이라고 할 수 없다고 하신 신부님, 저를 포함한 많은 수도자들이 당신의 모범을 따라, 보다 열렬하고 적극적인 이웃사랑을 실천할 수 있도록 도와주십시오. 당신처럼 어리석은 사랑의 포로가 될 수 있도록 주님께 간구懇求하여 주십시오.

1985. 8 「샘터」

열매를 위한 꽃처럼

숨 막히던 불볕더위도 지나고 어느새 서늘한 바람이 불기 시작하면, 그토록 참을성 없이 덥다는 소리를 연발했던 일이 문득 부끄러워진다. 모든 계절이 그러하듯 여름도 이내 지나가 버리고 마는 것을 —. 한여름의 뜨거운 햇볕이 자연과 인간에게 베풀어 주는 혜택은 잊어버리고, 그저 덥다는 말만 습관적으로 되풀이하다가 여름을 떠나보낸 것 같아, 나는 조금 미안한 생각이 드는 것이다.

계절의 변화를 통해 우리는 늘 보다 다양하고 새로운 모습의 자연을 접하게 되며 이에 따르는 마음의 변화도 시시로 체험하게 된다.

일 년 내내 여름만 계속되는 나라에서 몇 년을 살고 보니 사계절이 뚜렷한 나라에 사는 일도 내겐 더욱 새로운 고마움으로 느껴지는 것이다.

한 계절이 바뀔 때마다 세월의 빠름을 새삼 절감하며 나태했던 지난날을 반성해 보기도 하고, 희미했던 삶의 지표를 재정립해 볼 수도 있으니 얼마나 은혜로운 일인가.

"아니, 꽃 피었던 게 엊그제 같은데 언제 이렇게 많은 열매가 달렸지?"

"시간은 정말 빠르기도 하지. 난 그동안 무얼 했는지 모르겠다니까."

우리 집 뜰의 밤나무, 배나무, 모과나무 앞에서 저마다 한 마디씩 던지는 형제 수녀님들의 말 속에서, 나는 벌써 그윽한 가을의 향기를 맡는다.

해마다 가을이 오면 나는 열매를 위해 기꺼이 자신을 바친 꽃들의 죽음을, 그 겸허한 자아포기를 묵상하지 않을 수 없다.

우리가 열매를 먹을 때쯤 꽃의 존재는 아예 잊혀지기 일쑤지만, 나는 식탁에서 과일을 들 때도 꼭 한 번쯤은 그 과일을 위해 떨어져 간 꽃들의 고운 모습을 함께 떠올리며 고마워하게 된다.

나는 꽃이에요
잎은 나비에게 주고
꿀은 솜방 벌에게 주고
향기는 바람에게 보냈어요
그래도 난 잃은 건 하나도 없어요
더 많은 열매로 태어날 거예요
가을이 오면

— 김용석의 「가을이 오면」

내가 자주 애송하는 이 한 편의 동시가 절로 생각키우는 계절이다.

사랑하는 일에서조차 인색하고, 타산적이며, 자기중심적이 되기 쉬운 인간에게 이 짧은 시에서의 꽃의 독백은 '줌으로써 풍요해지는' 참사랑의 본질을 거듭 일깨워 준다. 꼭 생색을 내며 보답을 바라는 선행, 끝내 자기 뜻만 고집하는 편협한 사랑의 태도를 조용히 나무라는 꽃의 음성을 직접 듣는 듯하다.

이 세상이 아름다울 수 있는 것은 열매를 위한 꽃처럼 아낌없이 자신을 내놓는 사랑의 사람들이 존재하기 때문일 것이다.

자녀에 대한 헌신적인 애정 때문에 자신은 한없이 잊혀지고, 작아지고 또한 초라해지기를 두려워 않는 부모들의 모습은 아름답다. 불우한 이웃을 위해 일생을 바쳐 봉사하는 선의의 많은 사람들, 그리고 학문·예술·신앙을 통해 세상에 빛과 사랑을 심는 이들의 모습도 아름답다.

숨은 꽃처럼 조용히 세상에서 물러나 살면서도 누구보다 뜨겁게 세상과 인간을 사랑하며 끊임없이 기도하는 수도자들의 모습 역시 아름답다고 말하고 싶다.

무관심과 이기심과 탐욕에서 벗어나 좀 더 이웃에게 눈을 돌리는 이해와 사랑의 사람이 되려는 용기. 이것이야말로 오늘을 사는 우리에게 가장 필요하고 바람직한 용기가 아닐까. 이는 곧 있는 그대로의 자신과 이웃을 긍정하는 용기, 성실하고 아낌없이 자신을 꽃피우되 때가 되면 조용히 물러설 줄도 아는 겸손한 용기이다.

참으로 겸손한 자만이 사랑의 승리자가 될 수 있음을 열매를 위해 사라져 간 꽃들에게 다시 배운다.

산에서 내려온 맑은 바람 한 자락이 내 가슴에 들어와 시를 엮는 초가을, 나도 한 송이 꽃과 같은 겸손의 용기를 잃지 않도록 깨어 있어야겠다.

기도의 맑은 물로 마음을 씻고 서둘러 '사랑의 길'로 떠나야겠다.

1985. 9 「샘터」

오늘을 마지막인 듯이

　오늘은 주섬주섬 여름 옷가지들을 다 챙겨 들고 짐방에 내려가 작은 트렁크 속에 집어넣고, 그 대신 검은 스웨터며 내의 등의 겨울 옷들을 꺼내다가 햇볕에 널었다. 나프탈린 냄새를 맡아가며 이렇게 일 년에 두세 차례 짐 정리를 할 때마다, 지나온 나의 삶도 다시 한 번 돌이켜 보게 된다. 몹시도 낡고 해진 옷들을 대하다 보면 세월의 빠름과 무상함이 느껴진다.

　지금은 사용하질 않아 깊이 넣어 둔 옛 기도서의 종이 냄새, 그 책갈피에 숨어 있는 네잎클로버 잎새며 나의 연필 글씨에서 문득 지난날의 젊음과 순수에 대한 그리움이 솟구치기도 한다.

　무릇 수도자는 아무것에도 미련을 두지 말고 늘 떠나는 연습을 하며 살아야 한다. 그래서 멀리 여행을 하거나 새로운 소임지로 떠날 때는 마치 마지막인 듯이 깨끗하게 정리정돈을 해 두어야 한다고 누누이 듣고 또 배운다. 통틀어 봐야 얼마 안 되는 일용품들이건만 한참을 살다 보면 꼭 없어도 좋을 물건들이 다시 생기게 되고, 때로는 극히 자질구레한 것들에 마음이 매이는 수도 있다.

사소한 것이지만 남에게 양보하면 보다 더 유용하게 쓰일 수도 있는 물건이 그냥 서랍 속에서 묵고 있을 때는 퍽 미안한 생각이 든다. 그러면서도 선뜻 포기하지 못하는 자신의 어리석음에 대항하여 나는 종종 내적 투쟁을 벌이곤 한다.

최근에 나는 돌아가신 몇 수녀님들의 유품을 정리했다. 조그만 가방이나 상자 속에 들어 있는 묵주, 십자가, 기도서, 노트, 편지 등등 초라할 정도로 소박한 고인들의 손때 묻은 물건들을 이것저것 만지고 나니 왠지 쓸쓸하고 이상한 마음이 들었다. 그래서 어느 날은 그분들이 누워 계신 뒷산 묘지에 일부러 올라가서 한참을 서 있다가 내려오기도 했다. 평소에도 마음이 착잡하고 울적해질 때마다 곧잘 오르곤 했던 우리 수녀원 묘소에도 어느새 한잎 두잎 낙엽이 흩날리고 있었다.

얼마 아니하여서는 네 눈도 감겨지고 네가 죽은 몸을 의탁하였던 자 또한 다른 사람의 짐이 되어 무덤에 가는 것이 아닌가? 때때로 현존하는 것, 또는 이제 막 나타나려 하는 모든 것이 어떻게 신속히 지나가는 것인가를 생각하여 보라. 그들의 실체는 끊임없는 물의 흐름, 영속하는 것이라고는 하나도 없다.

무한한 시간 가운데 너에게 허여된 시간이 어떻게 짧고, 운명 앞에 너의 존재가 어떻게 미소한 것인가를 생각하라.

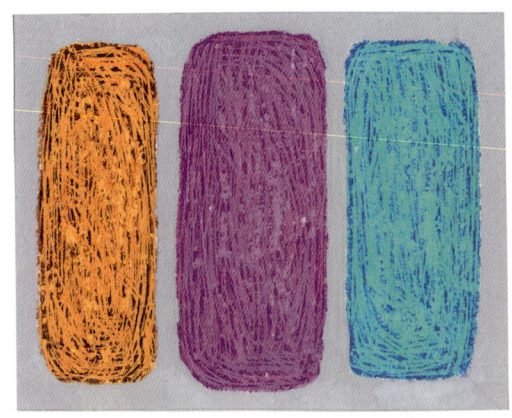

「페이터의 산문」에서 읽은 몇 구절을 떠올리며 묘지를 내려오는 길에서 나는 내 미래의 죽음 또한 생각해 보지 않을 수 없었다. 매일 낮기도 후에 우리가 함께 바치는 임종자들을 위한 시편이나, 끝기도 후에 외는 '이 밤을 편히 쉬게 하소서'라는 말도, 그 뜻을 깊이 새기지 않고 그저 습관적으로 되풀이한 것에 대한 성찰도 새로이 했다.

적어도 하루에 한 번쯤은 죽음의 의미와 함께 삶의 유한성을 생각해 볼 필요가 있다. 만약 내게 주어진 삶이 오늘뿐이라고 한다면 어떻게 함부로 시간을 낭비할 수 있겠는가. 매일을 그날밖에 없는 것처럼 의식하고 산다면 나태보다는 성실을, 미움보다는 사랑을 선택하는 일도 한결 쉬워질 것이라고 생각된다.

가을엔 가슴이 텅 비어 오는 쓸쓸함조차 사랑하고 받아들이자.

내가 고독한 존재임을, 언젠가는 바람처럼 조용히 사라져 갈 지상의 순례객임을 다시 한 번 겸허하게 받아들이자. 그리고 매일을 마지막인 듯이 깨어 사는 사람이 될 수 있도록 가을엔 더욱 간절하고 뜨거운 기도의 촛불을 밝혀야겠다.

끝으로 끼아라 루빅의 기도문으로 나직이 노래해 본다.

항상 말하게 하소서
마치 내가 마지막 말을 하듯이
항상 행동케 하소서
마치 내가 마지막 행동을 하듯이
항상 고통을 받게 해 주소서
당신께 바치는 마지막 고통이듯이
항상 기도케 하소서
마치 이 땅 위에서
당신과 더불어 대화할 수 있는
마지막 기회이듯이

1985. 11 「샘터」

몽당연필

　수십 년을 오직 연필로만 그림을 그려 오신 원 선생님의 전시회에서 나는 다른 종류의 그림에선 맛볼 수 없는 담백하고 정결한 아름다움을 발견했다. 강과 다리, 미루나무와 까치집, 개미 떼의 행렬, 마늘과 굴비 묶음 등등 참으로 섬세한 터치로 그려진 연필화들이 아직도 눈에 선하다.
　언젠가 그 선생님 댁에 가서 그림을 그릴 때 쓰시는 무수한 연필들을 감상한 적이 있는데 한 화가의 손에 의해 그토록 아름답게 살아 있는 그림들을 창조해 낼 수 있는 연필들이 신기하기만 했었다.
　나는 전혀 그림을 그리지 못하지만, 어려서부터 연필로 글쓰기를 무척 좋아해서 늘 연필을 가까이 둔다. 한때는 갖가지 모양과 빛깔의 새 연필들을 많이 모아 두고 즐기다가 이것도 일종의 사치인 듯해서 그만두고 말았지만 어쨌든, 연필은 내가 애착하는 물건들 중의 하나이다.
　지금도 내 책상 위에는 현재 쓰고 있는 서너 개의 큰 연필들과 더불어 전부터 쓰다가 닳아 버린 몽당연필들도 아홉 개나 된다. 하늘빛 바탕 위에 별무늬를 한 것도 있고, 분홍빛 바탕 위에 줄무늬를 두른 것도 있으며, '우정'이라는 글자를 새긴 사각 모양이 있는가 하면 동그란 모양도 있다. 군데군데 칠이 벗겨진 것도 있고, 내 손톱자국에 의해 상처를 받은 것도 있다.

이래저래 길들여진 이 작은 토막들은 아직 쓰지 않은 새 연필들과는 또 다른 의미에서 애정을 느끼게 한다.

나는 몽당연필에 뚜껑을 씌워 필통에도 하나 넣어 두고, 수도복 주머니 속에도 하나 넣어 둔다. 나의 성당 자리 한구석 수첩 옆에도 놓아 두고, 때로는 내 나름대로의 의미를 붙여 선물용으로 애용하기도 한다.

매끄럽고 날씬한 고급 샤프펜슬들에 밀려나 요즘은 별로 대접을 못 받는 연필인 것 같지만 그래도 수녀원 식구들에겐 꽤 사랑을 받고 있는 게 기쁘다.

몽당연필로 시를 쓰면 왠지 더욱 단순하고 소박하고 차분한 마음이 된다. 맑고 온유하고 따스한 마음이 된다.

남에게 자신을 아낌없이 내주고 스스로 작아지는 겸손의 삶을 내게 다시 깨우쳐 주는 몽당연필. 그는 또한 나 자신과 삶의 유한성을 보게 해 준다.

나의 삶도 어쩌면 한 자루의 연필과 같은 것이 아닐까. 내가 쓰는 연필들이 닳고 닳아 차츰 작아지듯이 나의 삶도 언젠가는 조용히 닳아서 끝나는 날이 오게 될 것이다.

아침마다 새로 맞는 나의 매일매일도 한 자루의 새 연필과 같은 것. 나는 기쁘고 고마운 마음으로 이를 받아들고 열심히 깎아 써야 하겠다.

나 역시 한 자루의 연필이 되어 자신을 깎이는 겸손과 사랑의 서약을 더욱 새롭게 해야겠다.

1984. 6 「문학사상」

민들레의 연가

은밀히 감겨간 생각의 실타래를
밖으로 풀어내긴 어쩐지 허전해서
날마다 봄하늘에 시를 쓰는 민들레

앉은뱅이 몸으로는 갈 길이 멀어
하얗게 머리 풀고 얇은 씨를 날리면
춤추는 나비들도 길 비켜 가네

꽃씨만 한 행복을 이마에 얹고
해에게 준 마음 후회 없어라
혼자서 생각하다 혼자서 별을 헤다
땅에서 하늘에서 다시 피는 민들레

이는 나 혼자 만들어 불러 보는 노래이다.

전설에 의하면, 어느 왕에게 몹시 미움을 받은 운명의 별이 땅에 떨어져 민들레가 되었고, 하얀 씨가 날개를 쳐 하늘을 나는 것도 모두 별의 혼을 타고났기 때문이라 한다.

또 옛날 이 땅에 큰 홍수가 났을 때 다른 것들은 다 피신해도 뿌리가 깊은 작은 민들레만 물에 휩싸여 죽게 되었다. 이를 불쌍히 보신 하느님의 도우심으로 그의 씨엔 날개가 돋쳐 하늘로 떠오르고, 그 씨는 바람에 인도되어 햇볕 잘 드는 땅에 새로 피게 되었다. 감사하는 마음에서 민들레는 그 은혜를 잊지 않으려고 금빛 얼굴로 하늘을 우러러 살게 되었다는 이야기도 있다.

해마다 봄이 되면 민들레를 생각하는 나의 마음에 촉촉한 봄비가 내린다. 배시시 웃으며 피어날 그 노란 꽃과의 만남에 소녀처럼 설레며 하늘을 쳐다보면 주홍의 도포를 펄럭이는 낯익은 해의 얼굴. 나는 문득 수줍어 얼굴을 가리며 "사랑합니다"를 고백하는 민들레 여인이 되고 싶었다.

지금부터 열두 해 전의 이른 봄, 나는 까만 치마에 흰 저고리를 받쳐 입은 풋내기 자매로 수녀원에 입회해서 꽤는 명랑한 날들을 이어 갔지만 안개처럼 스쳐 가는 알 수 없는 불안과 슬픔에 종종 눈물을 흘리기도 했다. 이미 각오하고 나선 길이면서도 어려움이 많았고, 그 어려움은 거의 내면적인 것에서 비롯되었다. 나는 무엇보다도 내가 두고 온 사랑하는 이들과의 결별이 아쉬워 몸살을 했고, 그들을 그리워해선 안 된다는 일종의 죄책감에 엎치락뒤치락 잠을 설치며 스스로를 학대했다.

인간 모두를 사랑하되 하나를 갖지 않고 하나인 그리스도의 사랑 안에 초연히 모두를 사랑한다 함은 너무도 아득한 일로 여겨지곤 했다.

내 약한 마음이 지향할 바를 몰랐던 그 어느 날, 나는 용기를 내어 지도 수녀님을 찾아가서 아무래도 나갔다가 다시 오는 게 좋겠다는 내 나름의 뜻을 전했고, 나는 호된 꾸중만 듣고 울면서 그분의 방을 나왔다.

그럭저럭 일 년을 보내고 난 다음 해, 우리는 푸른 바다가 한눈에 내려다보이는 광안리 수녀원으로 이사를 했다. 그곳을 산책하던 어느 날, 나는 극히 좁다란 돌틈을 비집고 당당히 피어난 노란 민들레를 보고 "아, 어쩌면 …" 하고 솟구치는 기쁨에 몸을 떨면서 그의 정다운 목소리를 듣게 되었다. "넌 왜 고민하니? 나처럼 살면 되잖아. 네가 원하기만 하면 좁은 땅에 앉아서도 모든 이를 뜨겁게 사랑할 수 있어." 그는 내게 노래를 주었다.

> 기도는 나의 음악
> 가슴 한복판에 꽂아 놓은
> 사랑은 단 하나의 성스러운 깃발
> 태초부터 나의 영토는
> 좁은 길이었다 해도
> 고독의 진주를 캐며
> 내가 꽃으로 피어나야 할 땅

민들레를 만난 것은 내가 안주해야 할 땅을 확인케 해 준 소중한 발견이었고, 그것은 나에게 사랑의 슬기를 깨치는 좋은 친구가 되어 주었다.

아직도 가끔은 많은 이의 시선을 끄는 화려한 차림새의 장미 여인이 되고 싶은 허영이 살짝 고개를 쳐들 때가 있지만, 나는 민들레처럼 의연히 앉아 해를 보며 살기로 결심했다.

담담한 표정 밑에 뜨거운 언어를 감춘 기다림의 꽃은 결연히 말한다.

　　애처로이 쳐다보는
　　인정의 고움도 나는 싫어
　　바람이 스쳐가며 노래를 하면
　　푸른 하늘에게 피리를 불었지

진한 향기를 뿜지 못하는 앉은뱅이의 촌스런 열등감이 없는 건 아니었다. 부모가 된 어릴 적 친구들이 홀연 눈부시게 나타나 야릇한 연민의 눈길로 나를 싸안을 때 나의 자존심은 더러 상처를 입기도 했다. 그런대로 뿌리를 내렸다 싶던 나의 신념도 가끔은 불확실했고, 꼭 만나야 할 애인의 모습은 오리무중일 때가 허다했다.

그러면서도 나는 이미 사랑의 포로가 되어 있었고 그 사슬을 풀어낼 수 없었다. 비록 비극을 초래할망정 「햄릿」의 오필리아나 「오셀로」의 데스데모나같이 극히 인간적인 사랑을 원했던 나의 꿈은 어떤 절대의 힘에 의해 여지없이 무너지고 말았다. 보일 듯하다간 다시 멀어지는 그 사랑을 찾기에 나는 얼마나 지쳐 있었던가. 오랜 세월을 지나 겨우 사귄 나의 임은 무례한 폭군은 아니었으나 다분히 오셀로적인 질투도 잊지 않으면서 서서히 접근해 왔다.

로미오와 같은 달콤한 감상도 맥베스 같은 야심도 없으면서 이상한 마력으로 나를 끌어당기던 힘 — 아직도 미련이 남은 경이로운 세상과 인간에 대한 나의 호기심과 곁눈질을 그는 용케 알아차리고 골탕을 먹였고 그래서 나는 약이 올랐다.

보이지 않는 사랑을 위해 소리 없이 부서지는 내 파란 젊음이 왠지 억울하게 느껴져 회의에 빠졌다가도 흔연히 일어설 수 있음은 은총의 놀라운 기적이었다. 엉겅퀴처럼 돋아난 오만한 저항의식이 순명의 '네'로 무릎꿇을 수 있음도 은총이 아니고는 될 수 없는 일이었다. 불고 싶은 대로 부시는 사랑의 영 — 그 폭풍 같은 힘을 나는 도저히 말로는 설명할 수 없다.

해는 민들레를 사랑했고 민들레가 그에게 사랑을 바쳤을 때 민들레는 세상에서 가장 부요하고, 자유롭고, 행복한 미소를 흩날리게 되었다.

나는 많은 날을 착각 속에 빠져 허둥댔으나 그 과정 역시 필요한 것이었고, 수녀 역시 사랑하는 여인임을, 그 사랑의 시력이 높아졌을 때 그는 감히 인류의 애인도 될 수 있음을 알게 되었다.

이젠 아무도 뺏을 수 없는 은밀하고 보배로운 행복에 차라리 한숨 쉬며 민들레는 오늘도 이야기한다. "사랑하올 임금님, 당신이 끼워 주신 언약의 반지에 제 사랑을 묶었습니다. 노오란 제 가슴이 하얗게 여위기 전, 당신은 오시렵니까?" 그는 빙그레 웃음으로 대답해 올 것이다. "많은 물도 사랑을 끄지 못하고 강물도 이를 덮지 못하느니 작은 자여 내게로 오라. 겨울이 지나고 비도 지났도다."

아, 태양에 쫓기어 활활 타다 남은 저녁놀에 저렇게 긴 강이 흐르는 것을, 보고 싶은 얼굴이여.

1977. 가톨릭 문우회 수상집 「아담에게 하와에게」

삶의 봄은 만들어야

 지난겨울 추위는 마음까지도 꽁꽁 얼어붙게 하는 듯 대단하더니, 어느새 봄이 왔다.
 얼어붙은 채 꼼짝을 않던 수도에서 물이 흘러내리는 게 하도 신기해서 몇 번이나 다시 틀어 보기도 하고, 도무지 꽃이라곤 피워낼 것 같지 않게 보이던 나무에도 연한 새순이 돋기 시작하는 게 놀라워서 몇 번이나 다시 그 나무를 올려다보기도 하면서 나도 조용히 봄맞이를 했다.
 겨울 동안 한 번도 듣지 못했던 새 소리를 듣는 것도 즐거웠고, 식탁에 차려진 달래된장찌개의 그 향긋한 내음에서도 한 숟갈의 봄을 떠먹는 것이 즐거웠다.
 얼었던 땅이 풀리듯 내 마음 깊숙이 자리해 있던 고집·편견·교만·우울·불신 따위의 얼음덩이들을 희망과 사랑의 힘으로 녹일 수 있기를 오늘도 기도했다.
 해마다 봄이 오면, "자연의 봄이야 어김없이 오지만 삶의 봄은 만들어야 온다"고 한 어느 작가의 말이 떠오른다. 아무리 아름다운 봄이 해마다 거듭되어도, 우리들의 마음과 생활에 봄을 꽃피우지 못한다면 그 봄은 의미 없는 봄인 것이다.

언젠가 어느 어린이의 글에서 "나는 늘 봄과 같은 사람이 되고 싶습니다"라는 구절을 읽은 적이 있는데, 그 애가 별로 깊은 생각 없이 단순한 느낌만으로 표현한 것인지 모르나 내 기억 속엔 오래 남아 있다.

봄과 같은 사람이란 어떠한 사람일까 생각해 본다.

그는 아마도 늘 희망하는 사람, 기뻐하는 사람, 따뜻한 사람, 친절한 사람, 명랑한 사람, 온유한 사람, 생명을 소중히 여기는 사람, 고마워할 줄 아는 사람, 창조적인 사람, 긍정적인 사람일 게다. 그러나 이런 사람이 저절로 만들어지는 것은 아니다.

계절의 봄이 있기 위해서는 먼저 겨울이 있어야 하듯이, 인생의 봄 역시 겨울을 지나서야 제대로 맞이할 수 있는 것이다.

참으로 봄을 사는 사람이란 모진 시련과 고통, 아픔과 좌절이라는 겨울 추위를 누구보다도 잘 극복해 낸, 끝없는 인내와 노력의 투사인 것이다. 자기의 처지를 원망하고 불평하기 전에 우선 그 안에서 해야 할 바를 최선의 성실로 수행하는 사람, 어려움 속에서도 희망과 용기를 새롭히며 나아가는 사람이다.

몇 주 전에 나는, 장애인들의 기도모임에 나가 한 시간 정도 강의를 한 적이 있었는데 그들의 표정이 하도 맑고 밝아서 나 자신이 몹시 부끄럽게 생각되었다.

어느 버스 안내양이 그토록 고달픈 일과 중에서도 틈틈이 공부해서 대학에 진학했다거나, 입학 때는 성적이 꼴찌였던 학생이 졸업 때는 수석을 했다는 이야기, 그리고 청소부로 일하던 분들 40명이 300원씩 내어 시작한 협동조합이 10여 년이 지난 오늘 기적처럼 놀라운 성과를 거두었다는 이야기 등을 최근에 신문이나 TV로 전해 들을 때, 나는 저마다의 자리에서 그토록 열심히 살아가는 이들의 모습에 진심으로 감사했다.

그들이야말로 인내와 성실로써 승리의 봄을 꽃피울 줄 아는 사람들인 것이다.

이제 더 이상 만날 기회가 없지만 내 기도 속에서 종종 기억되는 선한 이웃들의 얼굴들도 많다. 그 중엔 새벽마다 연탄재를 치워 가면서도 밝고 떳떳해 보이던 한 청년의 모습도 있고, 길에서 오징어를 팔면서도 열심히 성서 공부를 하던 아줌마의 진실한 모습도 있고, 10년 가까이 구두를 기우면서도 행복해 보이는 신기료장수 할아버지의 미소 띤 얼굴도 있고, 어느 날, 내가 버스 안에서 만난 어리디어린 신문배달 소년의 그 해맑은 얼굴도 있다. 신문 한 장을 천 원에 샀더니, 눈을 크게 뜨며 총총히 사라지던 그 애의 뒷모습이 잊혀지지 않는다.

새벽미사에 가기 위해 현관을 나오면 이미 배달되어 있는 한 장의 신문을 보며 그 어린 소년을 생각한 적도 있다.

신문 한 장에 얹힌 세상의 무게, 삶의 무게. 그 무게를 제단 위에 올려 놓고 수녀들은 새벽기도를 시작한다.

신문은 별로 읽을거리가 없다고 곧잘 투덜대면서도 하루라도 신문을 안 보면 답답해하고, 그 신문을 만들기 위해 밤낮으로 뛰는 이들에 대한 감사는 늘 잊고 사는 우리들이다.

연탄 냄새가 난다고 쉽게 불평하면서도, 온몸을 더럽히며 그 연탄을 만들기 위해 애쓴 이들의 수고쯤은 쉽게 잊어버리는 우리들이 아닌가.

"그래, 마음만 먹으면 아직도 감사할 일은 너무나 많고, 해야 할 일도 희망할 일도 너무나 많구나" 하고 다시 깨닫게 되는 봄 아침. 읽다가 줄을 쳐 놓은 레오 버스카글리아의 「살며 사랑하며 배우며」의 몇 구절을 다시 마음에 새겨 본다.

우리는 자신에게서 "할 수 없어"라든가 "아냐"라는 말도 쫓아내야 합니다. 인생에 대해 "좋아, 그래"라고 말씀하십시오.

"그건 가능한 일이고, 희망이 있는 일이야, 난 그렇게 하겠어. 그리고 할 수 있을 거야"라고 말하도록 노력하십시오. 여러분이 태어난 날, 여러분은 마치 생일 선물을 받듯이 세상을 선물받았다고 생각하십시오.

모든 순간순간, 하루하루, 그리고 전 생애를 나도 희망으로 꽃피우리라 다짐하며 또 한 번의 새봄을 맞는다.

1984. 3. 6 「조선일보 판매소식」

고마움, 놀라움, 새로움에 눈뜨는 삶을

당신의 숲속에서 나는
도토리만 한 기쁨을 주워 먹으며
마음도 영글어 가는
한 마리의 신나는 다람쥐

때로는 동그란 기도의 알을 낳아
오래오래 가슴에 품어 두는
한 마리의 다정한 산새

당신의 숲속에서 나는
사유의 올을 풀어내며
하늘 보이는 집을 짓는
한 마리의 고독한 거미

그리고 때로는
가장 조그만 은총의 조각들도
놓치지 않고 거두어들이는
한 마리의 감사한 개미

— 졸시 「당신의 숲속에서」

어느 날, 나는 매일을 살아가는 자신의 모습을 이렇게 노래해 본 적이 있다. 아무도 결코 나를 대신해서 살아 줄 수는 없는 이 소중한 삶을 이왕이면 좀 더 알차게, 좀 더 창조적으로 살고 싶은 내 평소의 소망이 얼비쳐 있는 조그만 시라고 생각된다. 내게 주어진 매일매일을 늘 작은 일에도 충실하며 기쁘게 살고 싶다. 고마움, 놀라움, 새로움에 눈뜨는 삶의 주인이 되고 싶은 것이다.

우리 학생 수녀들이 살고 있는 집의 앞뜰엔 서너 그루의 나무가 있다. 늘 죽어 있는 듯이 초라하게만 보이던 그 중의 한 나무가 어느 날, 제법 큰 키에 수많은 진달래꽃들을 한아름 피워 내었을 제, 우리 모두는 환성을 질렀다. 그리고 저마다 한 마디씩 했다.

"아니, 언제 이렇게 많은 꽃을 피웠지?"

"지난겨울, 우리는 이 나무를 쳐다보지도 않았는데…."

"이 빛깔은 산진달래보다 더욱 곱고 연연해서 연달래라고 부르면 어떨까?"

새봄의 부활 축제와 더불어 가장 우리를 기쁘게 해 주었던 그 꽃나무는 며칠을 두고 화제에 올랐다. 오랜만에 꽃을 주인공으로 삼아 이야기할 수 있는 건 퍽 즐거운 일이었다.

문득, "겨울이 되어서야 소나무·전나무가 더디 시드는 것을 알게 된다"는 「논어」의 한 구절이 떠오른다. 평소엔 그리도 무심히 지나쳤던 한 그루의 나무에 황홀한 꽃이 피는 신비를 우리는, 너도 나도 봄이 되어서야 비로소 새삼스런 놀라움과 감동으로 받아들인 것이다.

하루의 일과를 끝내고 끝기도를 왼 다음 잠자리에 들면, 어느새 또 새로운 하루의 문이 열린다.

오늘도 촛불이 타오르는 성당에서 아침기도를 바치며 다시 한 번 '살아 있는 기쁨'을 새롭게 할 수 있었다. 순간순간을 마치 처음인 듯이 또는 마지막인 듯이 정성스럽고 충만하게 살아야 한다는 것을 모르지 않으면서도, 나는 왜 좀 더 튼튼하고 지혜로운 내 하루의 직물을 짜내지 못하는지 안타까울 때가 많다.

수도생활을 시작한 지 20년이 가까워진 지금에 와서도 나는 늘 바보처럼 헤매는가 하면, 매사에 남보다 늦게서야 깨닫는 어리석음을 지니고 산다. 다시는 돌려받을 수 없는 금싸라기 같은 시간들을 헛되이 써 버리기도 일쑤이며, 일상의 기도와 소임 역시 지극한 애정으로 대하기보다는 건성건성 의무로 해치우는 식일 적도 많았음을 고백하지 않을 수 없다. 어쩔 수 없는 나이 탓이라고도 하지만 나의 무관심과 게으름으로 더욱 둔감해져 가는 듯한 나의 감성이 종종 나를 슬프게 한다.

주위의 사람과 사물에 대하여 늘 깨어 있고, 깊은 감정을 갖는 예민함, 즉 자기만 생각하는 '이기적 예민함'이 아닌 남을 생각하는 '이타적 예민함'을 우리는 키워 가야 할 것 같다. 때로는 좋은 예민함마저도 절제라는 덕목을 내세워 억지로 한쪽으로 폐쇄시켜 버린 것은 아닌지 반성해 본다.

한때는 매사에 감탄사가 지나치다고 주의까지 들은 내가, 요즘은 정반대가 되어 버린 것 같다. 시를 쓰는 이가, 뭐 그리 덤덤하고 뻣뻣하고 재미없느냐는 핀잔을 받기도 한다. 늘 차분한 수녀라는 말을 듣고 싶은 허영심 때문에, 명랑한 웃음조차 감추고 산 적도 없지 않은 것 같다.

"수녀님, 제발 좀 자연스러워져요, 응? 그리고 좀 더 단순하고 따뜻해져요. 여기 나처럼, 모든 어린이처럼 늘 생생한 놀라움, 새로움, 고마움을 잃지 말고 살란 말이에요"라고, 제제가 말해 주는 것 같다. 그는 조제 마우로 데 바스콘셀로스라는 브라질 작가의 「나의 라임 오렌지 나무」라는 작품의 어린 주인공이다. 생텍쥐페리의 「어린 왕자」와도 몹시 닮은 데가 있는 그 애는 내게 '속으로 노래하는 법'을 가르쳐 준다. 모든 사물들과 이야기하게 하는 '마음속의 작은 새'에 대해서, 또 자기 친구인 오렌지 나무에 대해서도 제법 어른스런 이야기를 할 줄 아는 그 애는 어른들을 이해하기 힘들다고 불평이다.

동심의 상실이 곧 슬픔의 시작임을 넌지시 일러 주는 그 애는 근래에 줄곧 나를 따라다니는 어린 친구이며 교사이다.

5월이 오고 있다. 내가 좋아하는 하얀 찔레꽃, 하얀 탱자꽃, 하얀 안개꽃도 아름답게 피어날 5월에 나는 온몸에 그리움의 푸른 물이 뚝뚝 듣는 한 그루의 아카시아 나무로 설까. 눈부신 햇살 아래 살아 있는 기쁨을 또다시 노래로 엮어 읊는 한 마리 뻐꾹새가 될까.

나는 여지껏 살아온 기쁨을 처음인 듯 새롭게 노래하리라.

주님
내가 있다는 놀라움, 하신 일의 놀라움
이 모든 신비들, 그저 당신께 감사합니다

— 「시편」 139에서

1983. 5 「샘터」

'조금'의 보석이 뿜어내는 행복

　매일은 나의 숲속, 나는 이 숲속에서 때로는 상큼한 산딸기 같은 기쁨의 열매들을 따먹고 또 때로는 찔레의 가시 같은 아픔과 슬픔도 따먹으면서 스스로 행복해지는 법을 배운다.
　찔레꽃, 아카시아꽃, 탱자꽃, 안개꽃이 모두 흰빛으로 향기로운 5월, 푸른 숲 뻐꾹새 소리가 시혼詩魂을 흔들어 깨우는 5월, 나는 누구에게도 방해를 받지 않고 신록의 숲으로 들어가 그동안 잃어버렸던 나를 만나고 싶다. 살아서 누릴 수 있는 생명의 축제를 우선은 나 홀로 지낸 다음 사랑하는 이웃을 그 자리에 초대하고 싶다.

　　설탕을 조금 가지고도
　　음식 맛이 달게 되네
　　비누를 조금 가지고도
　　내 몸이 깨끗이 되네
　　햇볕을 조금 가지고도

새싹이 자라네
조금 남은 몽당연필로
책 한 권을 다 쓰네
조금 남은 양초
하늘하늘 춤추는 불빛
아무리 작더라도 불빛은 즐겁지
조금 웃는 웃음이라도 웃음은 이상하지
조금 웃는 아기 웃음
이 세상에서 제일 귀엽지

이는 언젠가 '새싹회'의 윤석중 선생님이 보내 주신 책에서 읽은 엘리자벳 노벨의 「조금」A little이란 동시다. 언제나 이 글을 외면 절로 즐거운 미소가 떠올라, 편지를 쓸 때도 여러 번 인용해 오곤 했다. 진정 우리가 찾으려고만 한다면 가장 사소한 것들이 주는 혜택에 문득 놀랄 만큼 고마워하게 되고, 이러한 고마움에 비례하여 삶은 좀 더 풍요로운 기쁨의 시간들로 이어지는 게 아닐까 싶다.

온 가족이 다정히 둘러앉은 봄 식탁에는 부드러운 산나물도 얹혀 나오지만, 정작 그 맛을 돋우는 것은 조금의 간장·식초·마늘·파·깨소금 등이다. 항상 모든 음식에 감칠맛을 더하는 약간의 조미료나 양념에 대하여 우린 그다지 고마움을 못 느끼고 지나치는 게 보통이다. 그러나 병상에서 늘 죽만 먹을 때는 새삼 밥이 그립듯이, 일체의 양념 없는 반찬만을 먹어야 한다면 혀끝에 감도는 양념의 맛이 얼마나 그립겠는가.

너무 바쁘고 피곤한 일상에 쫓기다 보면 우린 어느새 작은 것들에서는 눈을 떼는 무관심·무감동주의자로 변모해 버리는 것 같다. 그러나 사람의 마음을 봄비처럼 촉촉한 행복에 젖게 하는 것은, 그리 대단한 것보다는 소박하고 작은 것들에서 비롯되는 예가 얼마나 많은가. 자기의 생일을 기억하고 보내 준 친구의 엽서 한 장에 마음이 환해지고, 몸이 불편할 때 좀 어떠냐고 물어 주는 옆 사람의 한 마디가 새삼 그지없이 고마운 것이다. 전화를 걸었을 때 한 마디 친절한 말, 비록 물건을 사고 파는 사무적인 관계에서도 "수고하십시오", "감사합니다"라고 주고받는 평범한 인사에 따스한 인정과 웃음이 핀다.

열심히 찾으려고만 한다면, 나 자신과 이웃을 부자로 만들 수 있는 '조금'의 보석들은 얼마든지 흩어져 있고, 그것이 베푸는 행복의 가능성도 무한하다. 나의 안과 밖에 가득 널려 있어도, 내가 보질 못해 울고 있는 그 작은 조각들을 열심히 찾아서 갈고 닦는 것 — 이것이 곧 행복이 아닐까 생각해 본다.

인간은 모두가 이 거대하고 신비한 우주 안에서 자기 나름대로의 이상을 지니고, 꿈꾸고 사고하며 전진해 가는 소우주라 하였다. 우리는 어떤 이상, 가치 그리고 아름다움과 진리와 선을 추구하며 끊임없이 걷고 있는 공동 운명의 순례객이 아닌가.

무겁고 침울하게 가라앉은 일상들을 그래도 밝게 해 주는 무엇이 있다면, 너와 내가 주고받는 '조금'의 선물이요, 우정과 사랑의 나눔일 것이다. 한꺼번에 많이 못하면 우선, 조금이라도 사랑하고 조금이라도 노력하자. 우리가 자유로이 나누는 이 '조금'의 정성과 선물, 여기에 인생의 맛과 멋이 있다.

한 알의 모래 속에 세계를 보며
한 송이 들꽃에 천국을 보라
그대의 손바닥에 무한을 쥐고
한순간의 시간에 영원을 보라

는 윌리엄 블레이크의 이 시는 얼마나 사랑스러운가. 비록 시인이 아니어도 우리는 얼마든지 아름다운 눈으로 세상을 보고 노래할 수 있다. 모든 것은 다 마음속에 달려 있는 것이 아닐까. 원하기만 한다면 유한 속에서 무한을, 보이는 것을 통해서 보이지 않는 것을, 가장 작은 것을 통해서 가장 큰 진리를 발견할 수 있을 것이다.

— 주님, 나의 정성과 나의 노력과 나의 시간과 나의 마음을 더 많이 바칠수록, 남에게 더욱 빛나는 선물이 됨을 항시 기억하게 하소서. 주고 다 주어도 줄 것이 남는 연인들 마음처럼 더 주지 못해서 안달을 하고 더 사랑하지 못해서 고민을 하는 풍요한 사랑의 마음을 주소서.

이렇게 기도하면서 나는 오늘도 나의 길을 가고 있다. 길은 멀고 해야 할 노력은 끝이 없는 것. 언제나 '조금'의 진리를 잊지 않고 '조금'의 보석이 뿜어내는 행복의 빛을 잃지 않고 살고 싶다. 바람에 흔들리는 작은 풀잎처럼 나도 겸허하게 흔들리면서, 감사하면서, 그리고 조용히 사랑하면서 ―.

끝으로 존 부로우즈의 다음 말을 묵상해 본다.

나는 아직도 내가 하고 싶은 모든 생각을 하고, 내가 하고 싶은 모든 산책을 하고, 내가 읽고 싶은 모든 책을 읽고, 내가 보고 싶은 모든 친구들을 만나기에는 매일매일이 너무 짧다고 생각한다. 우리의 시간은 사소한 일과 성내는 말과 상한 감정을 위해서 보내기에는 너무 짧다.

1982. 5 「학생중앙」

아름다운 말을 위한 기도

어느 날 내가 네게 주고 싶던
속 깊은 말 한 마디가
비로소 하나의 소리로 날아갔을 제
그 말은 불쌍하게도
부러진 날개를 달고 되돌아왔다
네 가슴속에 뿌리를 내려야 했을
나의 말 한 마디는
돌부리에 채이며 곤두박질치며
피 묻은 얼굴로 되돌아왔다
상처받은 그 말을 하얀 붕대로 싸매 주어도
이제는 미아처럼 갈 곳이 없구나
버림받은 고아처럼 보채는 그를
달랠 길이 없구나
쫓기는 시간에 취해 가려진 귀를

조금 더 열어 주었다면
네 얼어붙은 가슴을
조금 더 따뜻하게 열어 주었다면
이런 일이 있었겠니
말 한 마디에 이내 금이 가는 우정이란
얼마나 슬픈 것이겠니
지금은 너를 원망해도 시원찮은 마음으로
또 무슨 말을 하겠니
네게 실연당한 나의 말이
언젠가 다시 부활하여 너를 찾을 때까지
나는 당분간 입을 다물어야겠구나
네가 나를 받아들일 그날을 기다려야겠구나

— 졸시 「어느 말 한 마디가」

인간이 말을 하고 살 수 있음은 얼마나 은혜롭고 놀라운 축복인가. 그러나 살다 보면 말 한 마디 때문에 엉뚱한 오해를 받고, 그 때문에 몹시 우울하고 괴로웠던 일들이 우리에겐 얼마든지 있다.

평소에 가까이 지내던 친구나 이웃으로부터, 내 말의 본뜻과는 전혀 다른 각도에서 해석된 오해를 받는 일은 더욱 슬프게 느껴진다. 그리고 말에서 비롯된 오해란 변명하기조차 어려워서 한번 뱉고 나면 되돌릴 여지가 없는 말의 특성을 더욱 절감하게 된다.

우리는 매일 많은 말을 하고 살지만 말을 잘하기란 실로 어려운 일이어서 "황금이 있고 산호가 많은들 무엇하랴. 쓸모 있고 값진 것은 지혜로운 입술이다", "말을 함부로 하지 않고 실언으로 고통을 당하지 않는 사람은 행복하다", "질그릇이 불가마 속에서 단련되듯이 사람은 말로써 수련된다" 등 구약의 「잠언」과 「집회서」에만 하더라도 말에 대한 교훈이 많이 씌어 있다.

남에게 희망과 위로와 기쁨을 주는 긍정적인 말이 있는가 하면, 남을 가혹하게 속단하고 찌르고 상처를 입히는 부정적인 말도 있다. 또 자기의 편견·고집·질투 따위의 노예가 된 말, 겉으로 꽤 그럴싸하면서도 은근히 남에게 걸림돌이 되는 위선과 아첨과 유혹의 말 등 — 말을 하는 사람의 수만큼이나 말의 종류도 다양한 것 같다. 새벽에 눈뜨는 순간부터 잠자리에 들 때까지, 우리가 쏟아낸 말들을 쓸 것과 못 쓸 것으로 갈라 놓는 작업을 한다면, 쓸모없는 말들을 너무 많이 한 자신을 발견하고 놀랄 것이다. 그러나 나 자신도 평소에 얼마나 의식 없이 말을 하고 사는지 제대로 반성조차 못한 채, 또 다른 하루를 맞게 되곤 한다.

만약 실언을 할 때마다 벌금이라도 물어야 한다면, 좀 더 애쓰고 긴장해서 선택된 말을 하지 않겠는가 하고 생각해 본 적이 있다. 어쩌면 오늘 우리 시대의 언어생활은 그 옛날 우리 조상들이 즐겨 입던, 단순하고도 품위 있는 무명옷보다는 무늬와 빛깔이 요란한 나일론 옷을 닮았으며, 무게 있는 목제품보다는 가벼운 플라스틱 제품을 닮았으며, 오래 끓여 구수한 숭늉맛보다는 차갑고 싸아한 사이다를 닮은 게 아닐까.

내가 많은 젊은이들로부터 편지를 받거나 상담을 통해 느끼는 것은, 그들이 쓰는 대부분의 어휘들과 말의 분위기가 너무 성급하고 경박하고 충동적이라는 것이다. 아무리 새롭고 재치 있고 유머 감각이 뛰어나더라도 기본적인 예의와 존경이 결여되면 귀엽게 보려 애는 쓰지만 늘 안타까운 심정이다.

건전하지 못하고 인간의 격을 떨어뜨리는 은어·속어·비어·유행어 등에 쉽게 휩쓸리지 않고, 자기의 언어세계를 가꾸어 나갈 수 있는 지혜와 용기가 아쉽다. 학생은 학생다운 말을, 교사는 교사다운 말을, 부모는 부모다운 말을, 그리고 수도자는 수도자다운 말을 할 수 있어야만 우리는, 너도나도 성숙한 인격을 논하고 품위 있는 가정과 사회를 말하고, 또 바랄 수가 있을 것이다.

그러므로 바른 말 고운 말 쓰기 운동은 곧 고운 사람·바른 사람 되기 운동이 아닌가. 우리의 아름답고 섬세한 모국어로 우리는, 좀 더 진실하고, 좀 더 친절하고, 좀 더 분별있고, 좀 더 예의바른 말을 하도록 깨어 있어야 할 것이다. 끊임없는 노력과 성실을 다하여 — 인내와 겸손과 절제의 미덕을 잃지 않고 — 늘 기도하는 마음으로, 도를 닦는 마음으로 말을 하는 사람이 되었으면 하는 바람에서 나는, 이 기도문을 지어 보았다.

내가 이 세상에 태어나 수없이 뿌려 놓은
말의 씨들이
어디서 어떻게 열매를 맺었을까

조용히 헤아려 볼 때가 있습니다
무심코 뿌린 말의 씨라도 그 어디선가
뿌리를 내렸을지 모른다고 생각하면
왠지 두렵습니다
더러는 허공으로 사라지고
더러는 다른 이의 가슴속에서
좋은 열매를 맺고
또는 언짢은 열매를 맺기도 했을
내 언어의 나무
주님, 내가 지닌 언어의 나무에도
멀고 가까운 이웃들이 주고 간
크고 작은 말의 열매들이
주렁주렁 달려 있습니다
둥근 것, 모난 것, 밝은 것, 어두운 것
향기로운 것, 반짝이는 것 ―
그 주인의 얼굴은 잊었어도
말은 죽지 않고 살아서 나와 함께 머뭅니다
살아 있는 동안 내가 할 말은
참 많은 것도 같고 적은 것도 같고
그러나 말이 없이는
단 하루도 살 수 없는 세상살이
매일매일 돌처럼 차고 단단한 결심을 해도

슬기로운 말의 주인 되기는 얼마나 어려운지
날마다 내가 말을 하고 살도록
허락하신 주님
하나의 말을 잘 탄생시키기 위해
먼저 잘 침묵하는 지혜를 깨치게 하소서
헤프지 않으면서 풍부하고
경박하지 않으면서 유쾌하고
과장하지 않으면서 품위 있는
한 마디의 말을 위해
때로는 진통 겪는 어둠의 순간을
이겨 내게 하소서
참으로 아름다운 언어의 집을 짓기 위해
언제나 기도하는 마음으로
도를 닦는 마음으로 말을 하게 하소서
언제나 진실하고 언제나 때에 맞고
언제나 책임 있는 말을 갈고 닦게 하소서
내가 이웃에게 말을 할 때는
하찮은 농담이라도
함부로 지껄이지 않게 도와주시어
좀 더 겸허하고
좀 더 인내롭고
좀 더 분별 있는

사랑의 말을 하게 하소서
내가 어려서부터 말로 저지른 모든 잘못
특히 사랑을 거스르는 비방과 오해의 말들을
경솔한 속단과 편견과 위선의 말들을
주님, 용서하소서
나날이 새로운 마음
깨어 있는 마음
그리고 감사하는 마음으로
내 언어의 집을 짓게 하시어
해처럼 환히 빛나는 삶을
노래처럼 즐거운 삶을
당신의 은총 속에 이어 가게 하소서. 아멘

— 졸시 「말을 위한 기도」

1982. 4 「학생중앙」

마음의 밭이랑에 물을 대는 기쁨

단테, 셰익스피어, 타고르가 서로 낯설지 않은
내 조그만 서가에도 햇빛이 들고 있다
에밀리 디킨슨, 로버트 프로스트, 칼릴 지브란이
정답게 악수하는 자리에
나도 때때로 친구가 된다
김소월, 노천명, 윤동주의 시집과
오늘을 살아가는 시인들의
제목도 아름다운 시집들이
따뜻한 목소리로 부르는 노래들을
즐겨 들으며 살아가는 기쁨
「이솝 우화집」, 「어린 왕자」, 「바다의 선물」에서
내가 배우는 삶의 지혜
그리고 성서를 통해서 내가 만나는
놀라운 신앙과 사랑의 힘

무엇에 비할 수 있을까
책을 읽는 즐거움을 —
마음의 밭이랑에 물을 대는
이 넉넉한 기쁨으로
키가 크는 매일을 —

– 졸시 「나의 서가」

해마다 '가을은 독서의 계절'이라는 구호를 내걸지 않더라도 가을이 오면 우리는, 정답고 미더운 친구를 대하듯 책과의 산책이 그리워진다. 좋은 책은 어느 다정한 친구 못지않게 가깝게 느껴지고, 어떤 현명한 스승 못지않은 위력으로 사람을 가르치는 예지의 교사이다. 살아가면서 우리는 어느 인간이 줄 수 없는 위로와 기쁨과 평화를, 단 몇 줄의 글에서 얻게 되는 체험을 하게도 된다.

깊은 우울과 권태와 종잡을 수 없는 열등의식에 빠져 자신이 미워질 때, 삶에 아무런 의미도 못 느끼며 괴로워질 때, 그래서 기쁨과 활기가 없어지고 머릿속마저 텅 비어 어떤 사고도 진전되지 않을 때, 나는 스스로에게 SOS를 보내며 재빨리 읽을거리를 찾아 손에 쥐도록 한다. 그리고 한 줄 한 줄 내가 선택한 책을 읽어 가노라면, 어느새 마음은 평온해지고 예기치도 않던 기쁨의 물줄기들이 솟아오른다. 언젠가 나는 이렇게 쓴 적이 있다.

너무 오랜만에 읽어서 좋은 책

막혔던 혈관이 뚫리는 것 같다
잠을 자면서도 가슴에 품고 싶은 책
돌처럼 굳어 있던 내가 또다시 살아가기 위해
생명의 피를 돌게 하는 혈관주사 같은 것

흔히 책을 고르는 일은 친구를 고르는 일만큼 중요하다고 하면서도, 과연 우리 중의 몇 명이나 책의 선택을 위해 진지하게 애쓰고 고민하며 깨어 있는지 모를 일이다.

어쩌다 책을 사러 시내에 나가게 되면, 책방마다 더미더미 쌓여 있는 새 얼굴들이 하도 많이, 또 요란하게 선을 보이고 있어 당혹을 느끼기도 한다. 어떤 것을 고를지 몰라 이것저것 그냥 들었다 놓았다 시간을 보낼 때도 많고, 거창한 광고를 보고 책을 샀다가 실망한 적도 많았다. 그래서 내가 신뢰할 만한 벗이나 스승에게 물어보곤 하는 방법을 택했다.

뜻이 통하는 친구끼리 서로 기회가 닿을 때마다, 최근에 읽은 좋은 책을 소개하거나 권면하고, 또 읽은 후에 서로 의견을 나누는 일은 얼마나 바람직한지 모르겠다. 지금 내가 다니는 학교의 도서관에도 참으로 많은 책들이 있는데, 이용자들에게 자료를 개방하는 개가식 도서관이라서 여간 편리하지 않다.

오랜 시간을 허비한 끝에 꼭 마음에 드는 책을 만나 집으로 들고 오는 날은, 귀한 보석이라도 얻은 듯 마음이 뿌듯하고, 꼭 갖고 싶었던 책을 사거나 선물받은 날은, 소풍날 아침의 아이처럼 설렌다.

　나는 책을 퍽도 느리게 읽는 편이어서 바쁠 때는 속독을 배우고 싶은 생각도 없지 않았지만, 새로운 책을 한 줄 한 줄 빼놓지 않고 정성 들여 읽는 마음은 그대로 즐거운 기도가 된다. 읽어 가다가 도저히 그대로 넘기기 어려울 만큼 인상적인 구절이 있으면 나는, 아무리 바빠도 연필로 밑줄을 긋거나 독서 카드에 옮겨 적는 습관을 들였다. 그렇게 해서 모은 자료들은, 나 자신의 명상을 위해서뿐 아니라 누구에게 편지를 쓰거나 강의를 할 때도, 구체적인 인용을 하는 데 적지 않은 도움을 준다.
　「세계문학사」를 저술한 존 메이시는 독서술이야말로 하나의 훌륭한 예술이라 하였다. 책을 읽는 사람, 그림을 보는 사람, 교향악을 듣는 사람 역시 예술가라는 것이다. 그리고 감수성이 예민한 수

용력 있고 창조성 있는 감상자가 없어서 모든 예술은 죽어 간다고 하였다.

　최근에 내가 읽은 책, 「삶의 진실에 대하여」의 저자인 크리슈나무르티의 말도 기억해 본다.

　불행하게도 우리들 대부분은 기술자들이 되어 가고 있다. 시험에 합격하고 돈벌이를 위해 이 기술, 저 기술을 배운다. 그러나 내면 상태를 들여다보지 않고 얻은 기술이나 능력의 개발은 추함과 혼란을 세상에 불러온다. 우리가 내면의 아름다움을 일깨운다면 그것이 밖으로 표현되어 질서가 나타날 것이다.

　우리의 내면 생활을 더 아름답고 풍요하게 가꾸기 위해서도 독서는 정말 밥 먹듯이 해야 한다. 쫓기는 일상 속에 늘 시간이 없다고 투덜대면서도 우리는, 거르지 않고 밥을 먹고 또 사랑을 한다. 우리가 꼭 해야 할 것과 좋아하는 것을 위해서라면 어떻게 해서라도 시간을 내는 것처럼, 정신의 양식인 독서의 중요성을 참으로 절감한다면 다만 몇 분이라도 시간을 낼 것이다. 가을만이 아니고 실은 사계절 모두가 독서의 계절이어야 할 것이다.

　비록 입시 공부에 쫓기는 학생들일지라도 무거운 머리를 잠시 식히며, 한두 편의 시나 수필을 읽을 마음의 여유를 마련할 수 있으면 좋겠다.

　우리 수녀원 근방엔 커다란 학원이 두 개나 있고, 또 독서실도 몇 개 있어서, 열심히 공부하는 학생들의 모습을 틈틈이 살펴볼 수 있다. 공부에 시달려 하늘 한 번 마음놓고 바라볼 수 없는 그들의 숨찬 매일이 종종 안타깝게 느껴진다. 열심히 공부하는 것 못지않게, 열심히 꿈꾸는 이상과 낭만도 젊은 날의 소중한 특권임을 그들이 잃고 살까 봐, 은근히 걱정이 되기도 한다.

　이제 서늘한 가을바람이 불면, 우리의 눈을 더 맑고 깊게 뜨고 사물을 바라보자. 어느 때보다 더 시간을 아껴 쓰며 책과의 만남을 즐기는 사람이 되자. 내용은 자세히 살피지 않고 그저 제목만 좋아서 꽂아 두었던 책, 혹은 남의 말만 듣고 사 두기만 했지 아직 한 번도 정독을 못한 책들은 없는지 살펴보고, 단 한 권이라도 애정을 지니고 읽는 연습을 하자.

　나와 길들인 책들이 많아질수록 나의 삶도 그만큼 아름답고 풍요해질 것이다. 인격적으로도 깊이 있고 성숙한 사람, 언제나 말이 많지 않으면서도 이웃에게 기쁨의 말을 건넬 수 있는, 내면의 향기를 잃지 않는 사람이 될 것이다. 분별 있고 슬기로운 책의 선택과 꾸준한 독서의 예술을 통하여 ―.

1982. 10 「학생중앙」

사랑의 빚쟁이로서

　요즘은 새벽마다 수녀원의 종소리보다도, 가을 풀벌레 소리나 새 소리를 들으며 잠에서 깨어나는 일이 내겐 여간 즐겁지 않다. 오늘은 연분홍빛 도는 새벽놀이 유난히 고와 그 빛을 그대로 가슴에 안고 성당에 들어갔다. 이슬이 내린 잔디밭에 산책을 나온 작은 새들에게도 인사를 건네며 성당으로 들어가는 내 발걸음은 얼마나 행복했는지. 서울에 머물 때는 누려 보지 못한 기쁨이기에 그만큼 더 소중하게 느껴지는지도 모르겠다.

　보다 아름답고 충만한 삶을 지향하며 끝없는 사유의 실을 풀어내는 가을, 그래서 때로는 긴 밤을 잠 못 들고 뒤척이기도 하는 가을. 나는 무척 가을을 좋아한다. 가을이 되면 물처럼 맑고 섬 없는 기도를 바치고 싶다. 하늘빛 시를 쓰고 싶다. 그리고 밀려 있던 일들도 하나씩 매듭을 짓고 싶다. 문득 시인 홍 선생님이 내게 보내신 편지의 몇 구절이 떠오른다.

수녀님, 유예 없는 가을, 유예 없는 시간입니다. 이렇게 목이 찬 시간임을 알았기에 릴케도 "이틀만 더 남국의 햇볕을 주시어 그들을 완성시켜 달라"고 노래했으리라 봅니다. 참으로 성숙을 향해 마지막 손질을 서둘러 바삐 해야 할 시간입니다. 그러나 이렇게 결정적인 시간을 결국은 아무 일도 못한 채 탕진하고 만 것을 나는 알았습니다. 그래서 마음의 채무는 늘어나고 조바심은 가중되고, 사는 일은 점점 빚으로 쌓여 가는 듯싶습니다.

그러고 보니 사람은 다 저마다의 정신적인 부채를 지고 사는 게 아닐까. 돈이나 물질로는 해결할 수 없는 마음의 빚이 하나도 없다고 자부할 사람이 과연 몇이나 될까. 내가 걷고 있는 삶의 길에서 나 역시 신과 이웃 앞에 늘 겸손해야 할 빚쟁이임을 시인하지 않을 수 없다. 내가 기도할 때 자주 마주치는 성구聖句 중에, "형제 여러분, 아무에게도 빚을 져서는 안 되겠지만 서로 사랑해야 할 빚만은 언제나 여러분에게 남아 있습니다"(로마 13,8)라는 말은 내가 사랑의 빚쟁이임을 더욱 절감케 해 준다.

나의 오늘이 있기까지 나는 진정 얼마나 많은 사람들의 사랑과 이해와 도움을 받아 왔는가. 많은 시간과 정성을 바쳐 내 존재의 꽃을 피워 준 이들에게 나는 늘 빚쟁이로 남아 있는 것이다. 나를 낳아 키워 주신 부모님, 함께 자라며 정을 나눈 형제들, 지혜를 깨우쳐 주신 스승들, 격려와 충고를 아끼지 않는 친구들, 그리고 알게 모르게 기도해 준 은인들, 그들 모두에게 나는 죽을 때까지 갚아도 다 못 갚을 감사와 사랑의 빚을 지고 사는 것이다.

하나의 모자이크를 작품으로 완성시키기 위해 서로 다른 모양과 빛깔의 작은 조각들이 필요하듯이, 나는 많은 사람들의 사랑을 조금씩 떼어 받아 오늘의 나로 형성된 것이다. 내가 진 빚을 조금이라도 탕감하는 길은, 늘 기쁘고 성실하게 나 자신을 꽃피워 가는 길이라 생각된다. 내가 부여받은 목숨도 자유도 실은, 모두 빌려 받은 것이니 언젠가는 주인이신 분께 돌려드려야 할 것이다. 그때까지 나는 나를 꽃피우며 일상의 소임에 충실해야 할 것이다. 그 누구도, 그 무엇도, 단 한 번뿐인 나의 삶을 대신 살아 줄 수는 없다. 마르틴 부버의 말대로, "가장 중요한 것은 자기로부터 시작하는 일이며, 우리가 세상 끝까지 권세를 떨친다 한들, 가까이 있는 삶과의 성실한 관계가 줄 수 있는 그런 실존의 성취는 우리에게 주지 못할 것"이기 때문이다.

그러나 늘 일에 쫓기며 바쁘게 지내다 보면 마음과 사랑을 잃어버린 생활을 하기 쉽다. 매일의 평범한 삶을 통해 얻을 수 있는 소박한 기쁨도 내가 무심한 탓으로 놓쳐 버릴 때가 많았다. 그래서 요즘은 설거지하는 일, 쓰레기통을 말끔히 비워 내는 일, 헌 옷을 기워 입거나 헌 구두를 고쳐 신는 따위의 일상적인 일에서도, 크고 싱싱한 기쁨을 느끼는 여유를 갖도록 애쓰며 살고 있다. 바쁘다는 것을 핑계로 나 자신과의 만남, 이웃과의 만남을 제대로 이루지 못한 채, 건성으로 지나쳐 버린 순간들이 내게도 많았던 것 같다. 실은 내 마음이 닫혀 있기 때문에 시간도 더 없었던 것은 아니었는지

반성해 본다. 본질적인 것보다는 오히려 부수적인 것들에 비중을 두거나, 쓸데없는 것에 더 시간을 허비한 것은 아니었는지를 —.

이젠 나의 참모습을 찾기 위해 애쓰는 '시간의 허비'가, 다른 어떤 것을 위한 '시간의 허비'보다 더 필요한 것임을 다시 기억해야겠다. 내가 나 자신이 되는 길은 또한 이웃을 사랑하는 길이라는 것도 더불어 명심하자. 나는 지금껏 얼마나 여러 번 사랑에 대해서 말해 왔고 또 들어 왔는가. 그 아름다움과 중요성, 그 지고至高한 의미와 가치에 대해서 —. 그러나 내가 말하고 들은 것에 비해 나는 얼마나 적게 사랑해 왔던가. 때로는 짜디짜고 쓰라린 소금맛인 사랑을 나는, 달디단 꿀단지에만 가두어 놓으려 한 적도 많았다. 사랑엔 기쁨 이상의 괴로움도 따른다는 것, 사랑엔 감정 못지않게 의지도 중요하다는 것을 나는 아직도 서서히 배워 가는 중인 듯하다. 그러나 늘 '받기만 좋아하는 사랑'에서 이젠, '주기를 좋아하는 사랑'으로 건너가고 싶은 열망이 내 안에 강하게 솟구쳐 옴을 느낀다.

"수녀님은 애인이 많죠?" 곳곳에서 많은 편지들을 받게 되는 나를 놀려 대는 자매들의 말마따나, 나는 '애인'이 많으니 그만큼 사랑의 빚도 더 많은 셈이다. 때로는 고운 들꽃이나 열매, 정성껏 만든 편지지나 카드를 들고 와서, "이건 시인의 몫이니 유용하게 쓰세요"라고 말하는, 어진 눈빛의 우리 수녀님들에게도 나는 여전히 사랑의 빚쟁이임을 다시 확인해 보는 가을이다. 늘 사랑의 힘이 달리는 나를 부추기는 그들의 사랑을 받아서 나는 나의 이웃에게 전해야겠다. 그들은 그 사랑을 또 누군가와 나누어 가지겠지. 그리하면 내가 빚쟁이인 것조차 기쁨이 되고도 남으리라.

살아가면서 왠지 남의 행동이 못마땅하게 여겨지거나, 극히 사소한 일로 불평과 우울의 그늘이 나에게 드리울 때, 나는 자신에게 이렇게 타이르며 마음을 고쳐먹곤 한다.

"이 바보야. 사랑의 빚을 다 갚기에도 남은 시간이 모자라는데 그럴 시간이 어디 있니? 어서 하나라도 더 구체적인 사랑의 행위를 하도록 서둘러야 한다니까" 하고 ―.

1985. 「수필공원」 가을호

예수님을 입은 여인

언제나 자기 얼굴과 분위기에 맞추어 옷을 차려입는 여인의 맵시는 우리의 눈을 즐겁게 한다. 지나치게 교태스럽지도 퉁명스럽지도 않은, 적당히 친절하고 상냥한 여인의 부드러운 말씨는 귀를 즐겁게 하며, 아무 요리나 척척 해낼 수 있는 여인의 솜씨는 입을 즐겁게 한다. 그러나 제아무리 외모가 어여쁘고 재능이 뛰어난 여자라도, 마음씨가 곱지 않으면 돋보일 수 없음을 우리는 너무도 잘 알고 있다.

참된 아름다움이란 감각적인 것이기보다 감동적인 것임을 우리는 살아가면서 더욱 절감하게 된다. 그래서 감각에보다는 가슴이나 영혼에 와 닿는, 진실하고 맘씨 고운 여인을 가장 아름답다고 느끼게 되는 게 아닐까. 누군가 현대는 여성을 잃은 시대라고 한탄했다. 여성 특유의 통찰력, 부드러움, 우아함, 자상한 마음씨 등을 열렬히 갈망한다고 했다.

아무리 시대가 달라지더라도 여성의 최고 소임은 역시, 사랑하

는 것, 바치는 것, 주는 것임엔 변함이 없을 것이다. 이 지고한 소임을 실천한 참으로 많은 여인들이 이 세상을 살다 갔고 또한 살고 있다.

나에게 있어 가장 아름답고 바람직한 여인상은 그리스도 예수님을 입고 살아가는 여인이다. 예수님의 사랑에 사로잡혀 그 사랑으로 이 세상과 인간을 바라보는 여인. 그 끝없는 사랑 안에 밥을 먹고, 꿈을 꾸고, 기도하고, 봉사하는 여인이다. 그리스도에 대한 사랑 때문에 감히 모든 이의 애인이 되고, 친구가 되고, 누이가 되고, 시녀가 되기를 서슴지 않는 여인, 그러면서도 더없이 겸허하고 순결한 여인이다. 항상 명랑하고 기쁘게 살되 '될 대로 되라'는 식으로는 살지 않는 여인, 그래서 나날이, 그리고 순간마다 조심스레 깨어 사는 여인이다. 언제 오실지 모르는 신랑을 기다리며 등불 밝힐 기름을 준비해 두는 슬기로운 여인(마태 25,4 참조), 기쁨의 잔치에 초대된 여인이다.

모든 크리스천 여인들은 누구를 막론하고 자기 이웃에게 예수님의 사랑을 입혀 주는 이라야 한다. 성모 마리아처럼, 마리아 막달레나처럼 사랑이신 예수님을 이웃에게 주어야 한다. 그러나 남에게 주기 위하여는 먼저 자기 자신이 보다 뜨겁게 예수님을 사랑하고, 모든 생각과 말과 행위 속에 예수님을 입고 살지 않으면 안 된다. 예수님을 믿고 열애하는 여인이 어떻게 나태하고 무기력하고 궁상맞은 모습으로 살 수 있는가. 어떻게 '시시한 여자' '별 볼일 없는 여자'로 남아 있을 수 있겠는가.

마음만 먹으면 우리도 얼마든지 더욱 아름다운 크리스천 여인으로 성숙될 수 있다. 우리가 고운 옷을 입고 싶어 하고, 좋은 음악을 듣고 싶어 하는 그만큼의 욕심만도 못하게 예수님을 원치 않았다면, 지금부터라도 한 번 욕심을 내자. 모든 세속적인 욕망을 넘어서는 영적인 목마름과 배고픔으로 예수님을 찾아 얻자.

아무도 빼앗아 갈 수 없는 우리의 불멸의 장식은 바로 그리스도 예수님이시다.

그분을 사귀려면 인내의 긴 시간이 필요하고, 그분을 닮으려면 아픔이 따르겠지만, 오직 그분을 통해서만 우리는 가장 멋지고 아름다운 여인으로 다시 태어날 수가 있다. 순간 속에 영원을 사는 기쁨을 맛볼 수가 있다. 끝으로 사도 바울로의 다음 말씀을 다시 묵상하고 싶다.

여러분은 머리를 땋거나 금으로 장식하거나 옷을 차려입거나 하는 겉치장을 하지 말고 온유하고 정숙한 정신의 불멸의 장식으로 여러분의 속마음을 치장하십시오. 이것이야말로 하느님께서 가장 귀하게 여기시는 것입니다.

-「베드로 전서」3장 3-4절

1979. 4. 22 「빛고을」

오빠 같은 길동무

연못 물 속에서 진흙 속에서
깨끗이 피어나는 연꽃의 마음
연꽃의 마음은 우리의 마음
깨끗하자 깨끗하자 우리의 창경

    내가 국민학교를 졸업한 지도 벌써 20년이 되었지만 아직도 잊지 않고 곧잘 흥얼거려 보는 교가이다.

    나와 함께 이 노래를 불렀던 수많은 아이들이, 지금은 다 어디서 무엇을 하고 있을까 문득 궁금해질 때가 있다. 겨울이면 난롯가에 모여, 불빛처럼 따스한 이야기꽃을 피우던 우리 반 아이들, 학교 뒤 대학병원 잔디에 앉아 열심히 시계탑을 그리던 소년들, 그리고 커서 소설가나 무용가가 되겠다던 그 해맑은 얼굴의 소녀들을 생각하는 내 마음엔 파란 물감이 든다.

    어린 시절의 나는 남과 어울리기가 별로 쉽지 않은 새침데기여서 친구나 선생님으로부터 종종 핀잔을 받곤 했다. 혼자 조용히 책 속에 파묻혀 지내며 동화 속의 주인공들과 함께 울고 웃는 꿈속의 아이였다.

우리 집은 학교에서 멀리 떨어져 있어서 나는 늘 서둘러 등교 준비를 해야 했다. 너무 멀어서 처음엔 심심하던 학교길도 차츰 즐기며 다닐 수 있었고,「학교 가는 길」이란 제목의 글을 써서 상을 받은 적도 있었다. 계절 따라 변하는 플라타너스 길을 걷는 게 나는 좋았다.

6학년이 되었을 때 나는 거의 매일 한 소녀와 내가 다니는 길에서 마주치게 되었다. 방긋 웃어 줄 수도, 먼저 말을 붙일 수도 있었으련만 나는 왠지 쌀쌀한 표정으로 그냥 지나쳐 버리곤 했다. 그런 내가 접근하기 어려운지 그 애도 늘 담담한 표정으로 별 관심을 보이지 않은 채 시간만 흘렀다. 나는 몇 번이고 용기를 내어 먼저 말을 건네려 결심했지만, 결과는 번번이 실패였다.

그러던 어느 날, 우리는 둘이 약속이나 한 듯이 환한 웃음을 나누었고, 그 후로는 더없이 정다운 길동무가 되었다. 알고 보니 한 반은 아니었으나 그는 나와 같은 학년이었고, 내가 좋아하던 여선생님의 친동생이기도 했다. 우리는 항상 붙어 다니며 공부도 열심히 했고, 삼청공원 약수터에도 자주 놀러 다녔다. 땋은 머리에 매는 리본조차 매일 다른 빛깔을 원할 만큼 허영심 많고 이기적인 나에 비해 그는, 너무도 꾸밈없고 너그러운 애였다. 하나에서 열까지 나와 비슷한 점이라곤 찾아볼 수 없었지만, 그와 함께 있으면 나는 늘 마음이 편안했고 배우는 게 많았다. 잔걱정이 심하고 우울에 빠지기 쉬운 나에게 그는 쾌활한 웃음과 용기를 안겨 주곤 하였다. 어느 땐 내가 일부러 다른 애들과 더 친한 척 행동해도 질투하기는커녕 기뻐해 주었고, 작은 일로 쉽게 토라져도 끝까지 참고 이해해 주었다. 그는 참으로 든든하고 미더운 오빠 같은 길동무, 마음동무였다.

지난여름, 거의 10년 동안 소식이 끊어진 그와 서울에서 연락이 닿아 전화를 했더니 대뜸, "내가 너에게 친구로서 죽을 죄를 지었구나" 하는데 가슴이 찡했다. 제 웃음같이 크고 시원한 수박덩이를 사 들고 급히 달려온 그를 보니 퍽도 반가웠다. 결혼해서 세 아이의 엄마가 되었으나 왠지 자기는 집안 살림보다는 바깥일에 더 흥미가 있는 모양이라며 깔깔댔다. 정치나 사회에 관심이 많던 그를 생각하고 나도 따라 웃었다. 늘 오빠같이 느껴지던 어릴 적 친구와 오랜만에 마주 앉아 나는, 어린 시절의 고소한 추억들을 군밤 까먹듯 했다. 가는 길은 좀 다르지만 우리는 서로에게 아직도 소중한 길동무들임을 다시 한 번 확인하면서.

1978. 12 「소년」

세모歲暮의 창가에 서서

하얀 배추 속같이
깨끗한 내음의 12월에
우리는 월동 준비를 해요

단 한 마디의 진실을 말하기 위하여
헛말을 많이 했던
빈말을 많이 했던
우리의 지난날을 잊어버려요

때로는 마늘이 되고
때로는 파가 되고
때로는 생강이 되는
사랑의 양념

부서지지 않고는
아무도 사랑할 수 없음을
다시 기억해요

함께 있을 날도
얼마 남지 않은 우리들의 시간

땅속에 묻힌 김장독처럼
자신을 통째로 묻고 서서
하늘을 보아야 해요
얼마쯤의 고독한 거리는
항상 지켜야 해요

한겨울 추위 속에
제 맛이 드는 김치처럼
우리의 사랑도 제 맛이 들게
참고 기다리는 법을 배워야 해요

- 졸시 「12월의 노래」

어느새 12월이다. 12월 초부터 상점에는 각종 디자인의 크리스마스 카드가 걸려 있고, 집집마다에선 월동 준비로 바쁘다. "또 한 해가 저물어 가는구나. 가는 세월은 참 빠르고 허무하기도 하지.

한 것도 없는데."

누구나 한 번쯤은 이런 한탄을 하며 한 장 남은 마지막 달력을 쳐다보게 되는 계절. 친구와 흰 눈을 밟으며 세상 끝까지라도 가고 싶던 겨울길이 생각나는 계절. 내 어린 시절, 산타 할아버지의 첫 선물인 예쁜 장갑과 초콜릿에 얽힌 황홀한 추억도 되살아나는 계절. 땅속에 묻힌 김장독처럼 자신을 잘 절이고 익혀야 할 계절이다. 겨울은 춥지만 멋있는 계절이다.

창 밖의 나목裸木들을 보며 다시 떠오르는 조이스 킬머의 시 한 구절 —

나는 생각한다
나무처럼 사랑스런 시를
결코 볼 수 없으리라고
시는 나와 같은 바보가 짓지만
나무를 만드는 건 하느님뿐

나도 나목처럼 의연히 서서 봄을 기다리는 기쁨을 배우려 한다. 혼자서도 쓸쓸하지 않게 기도하는 법을 배우려 한다. 어느 날 눈이 펑펑 쏟아지면 나는 이렇게 노래하리라.

부질없는 근심도 끈적거리던 우울도
모두 눈 속에 녹아라

어둠을 걷고 밝게 웃는 하얀 세상에
나는 다시 살고 싶어라
나는 당신의 어여쁜 눈사람이 되어
당신의 가슴에서 녹아내리고 싶어라

새해 일기를 들추어 보면,

- 올해는 바쁜 가운데도 즐거운 마음의 여유를 갖고 살도록 노력하자.
- 더 준비성 있는 사람이 되자.
- 다른 이의 청에는 늘 "네!"라고 대답하자.
- 늘 기도하는 마음으로 사랑이란 최대의 표어를 내걸고, 사랑이신 분 안에서 사랑으로 돌진하는 사람이 되자. 이것을 위해 나는 죽어야 하는 것

이라고 씌어 있다. 이제 또다시 한 해를 마무리하면서 돌이켜 보면, 물론 후회가 되고 미흡했던 점이 많지만 그래도 더 많이 기뻐하고 감사하고 싶은 마음이다. 내가 아직 살아서 노력하고 있음을, 또 앞으로도 계속 보다 나은 인간이 되기 위한 선의의 노력을 아끼지 않으며 길을 가는 존재임을 새롭게 감사하고 싶다. 이렇게 감사하고 싶은 마음을 또한 감사하고 싶다.

세모의 창가에 서면 마음은 촛불에서 녹아내리는 촛물처럼 따스

하고 겸손해진다. 지난 한 해 동안 내가 받은 모든 은혜, 모든 선물, 모든 사랑, 모든 기도를 생각하면 나는 스스로 겸손해질 수밖에 없다.

나 외엔 아무도 없는 이 빈방에 촛불을 켜야겠다. 가르멜 수녀원의 언니가 주신 장밋빛 초에도, 지난가을 L 양이 과꽃과 고운 잎새를 넣어서 정성껏 만들어 준 하얀 초에도 불을 밝히고 앉아, 불꽃처럼 환한 마음으로 지나온 날들을 고마워하며, 살아갈 날들을 설계하고 또 기도해야겠다.

뒤늦게 공부하면서 극도로 나빠진 나의 시력을 조금 걱정하기도 하면서, 비록 몸의 눈이 나쁘더라도 마음의 눈은 늘 밝게 뜨고 살아야겠다고 다짐해 본다. 분별력과 지혜의 부족으로 늘 눈뜬장님처럼 살았던 시간들을 부끄러워하며 나는 오늘 밤, 이렇게 조용히 기도해 본다.

> 길을 가던 당신에게 어느 소경이
> "주님, 보게 하소서"라고 외치던
> 그 간절한 기도를 자주 기억합니다
> 주님, 하루의 일과를 끝내고
> 문 닫은 밤이 되면
> "밤은 천 개의 눈을 가졌다"고 표현한
> 어느 시인의 말이 생각납니다.
> 문득 커다란 눈이 되어

나를 살피러 오는 이 밤의 고요 속에
나는 눈을 뜨고자 합니다
당신은 나에게 두 눈을
선물로 주셨지만
눈을 받은 고마움을 잊고 살았습니다
눈이 없는 사람처럼
답답하게 행동할 때가 많았습니다
먼지 낀 창문처럼 흐려진 눈빛으로
세상과 인간을 바로 보지 못했습니다
영적인 것들과는 거리가 먼
헛된 욕심에 혈안이 되어
눈이 아파 올 땐 어찌해야 합니까
보기 싫은 것들이 많아
눈을 감고 싶을 땐 어찌해야 합니까
웬만한 것쯤은
다 용서하고 다 받아들이는
사랑의 시력을 회복시켜 주소서
너무 가까이만 보고
멀리는 못 보는 근시안도 아닌
너무 멀리만 보고
가까이는 못 보는 원시안도 아닌
사물의 중심을 바로 못 보는

난시안도 아닌

밝고 맑은 시력을 주소서, 주님

편견과 독선의 색안경을 끼기보다

기도의 투명한 안경을 끼고

살아가는 기쁨을 알게 하소서

남을 비난하고 불평하기 전에

나의 못남과 어리석음을

먼저 보게 하여 주소서

결점투성이의 나를 보고 절망하기 전에

다시 한 번 당신의 사랑을

바라보게 하소서

다시 한 번 당신께의 믿음으로

눈을 뜨게 하소서

필요한 때에 필요한 것을 볼 수 있는

지혜의 눈과 분별력을 주소서

살아서 눈을 뜨고 사는 고마움으로

언제나 당신 안에 보게 하소서

오늘도 샅샅이 나를 살피시는

눈이 크신 주님 …!

— 졸시「보게 하소서」

1982. 12「학생중앙」

사랑과 시간

어느 날 오후, 미도파 앞에서 버스를 타려고 바삐 길을 가는 중이었다. 국민학생인 듯한 어린이 몇 명이 "아줌마 아줌마" 하며 뛰어오기에, 다른 사람을 부르는 줄 알고 그냥 지나치려 했더니, 불쑥 내 앞으로 와 작은 모금함을 내밀며 "좀 도와주세요" 했다. 양로원에 계신 할머니 할아버지들께 선물을 하려고 한다는 것이었다. 얼떨결에 돈을 넣고 "많지 않아 미안해" 했더니 "괜찮아요, 아줌마. 주님의 축복 많이 받으세요" 하며 뛰어갔다.

마냥 즐거워하던 그 애들의 귀여운 모습이 아직 눈에 선하다. 아무리 작은 일이라도 남을 기쁘게 하기 위해서는 자신의 정성과 시간을 쏟아야만 한다는 것을 다시 한 번 생각할 수 있는 기회가 되었다.

"요즘 어떻게 지내시죠"라는 인사말에 우린 바쁘다는 대답을 하기가 일쑤다. 또 "얼마나 바쁘십니까"라는 물음에는 말도 못하게 바쁘다는 표현을 예사로 한다. 물론 바쁜 것도 사실이긴 하겠으나

자기가 좋아하는 것, 꼭 해야 되겠다고 생각하는 것들을 위해서는 바쁜 중에서라도 시간을 낼 수 있는 걸 보면, 시간의 유무는 인간의 마음 여하에 달린 것 같다. 시간이 없어 만날 수 없고, 시간이 없어 편지를 쓸 수 없고, 시간이 없어 교회에 못 나가고, 기도를 할 수 없고 등등.

옛날보다 몇 배나 더 편리한 시대를 살면서도 우리는 왜 이토록 바쁘게 허덕이고 핑계가 많은지 모르겠다. 내가 쓰는 시간은 너그럽게 가지면서도 남을 위한 시간엔 인색하기만 하다. 자기 마음에 드는 넥타이 하나 고르는 데 서너 시간을 낭비하지만, 함께 사는 형제를 위해서는 단 5분의 투자도 꺼리는 자신을 발견하고는, 매일 시간표를 작성해 놓고 하루에 쓸 시간의 용도를 따져 본다는 어느 신부님의 말씀이 잊혀지지 않는다.

우리가 자기의 취미 생활을 위해 바치는 시간의 단 몇 분의 1이라도, 이웃을 기쁘게 해 주고 봉사하는 일에 쓸 수 있다면, 우리의 삶은 얼마나 더 밝고 따뜻해질 것인가.

사랑이 많을수록 시간도 많다는 얘기가 된다. 사랑의 마음이 있으면 없는 시간도 생기는 법이고, 사랑의 마음이 없으면 있는 시간도 없어지는 게 아닐까.

"인생을 재는 법은 그 길이에 있지 않고 그 사랑에 있는 것이다"라고 한 존 부로우즈의 말을 마음에 새기면서, 툭하면 '시간 없다'는 소리를 연발했던 나의 사랑 없음을 반성해 본다. 다가오는 크리스마스에 내 시간을 '허비'하여 이웃을 기쁘게 할 선물은 과연 무엇일까를 구체적으로 생각해 봐야겠다.

사랑하는 일에 아낌없이 자신을 내던진 예수의 시간처럼 나의 시간도 조금씩 사랑의 나눔으로 쓰여지고 열려 있길 기도하면서 ….

1982. 2. 13 「동아일보」

기쁨 찾는 기쁨

"주님과 함께 항상 기뻐하십시오"라는 성서 말씀을 들을 때마다 왠지 '항상'이라는 말이 좀 마음에 걸린다. 어쩌다 기뻐할 순 있어도 한결같은 기쁨으로 매일을 살기란 그리 쉬운 일이 아니기 때문이다.

참으로 많은 분들이 내게도 늘 기쁘게 살라고 일러 주었고, 나 역시 다른 이에게 그런 말을 되풀이했지만, 과연 나는 '기쁜 사람'으로 살고 있는지를 자문하게 된다.

사람이 세상에서 온갖 부와 명예를 다 누리고 산다 한들, 내면에서 우러나는 기쁨이 없다면 무슨 소용이 있을까. 기쁨은 단순히 값싼 감상의 산물이 아니며 꾸준한 자기 수양을 통해 스며나오는 것임을 깨닫게 된다. 그러므로 기쁨은 아무런 노력이나 의지의 행위 없이 공짜로 얻어지는 게 아니라, 끊임없이 재발견되고 가꾸어지고 길들여져야 하는 것이다.

지극히 평범하고 단조로운 일상생활 안에서 권태나 우울에 빠져

들다가도 재빨리 기쁜 쪽으로 방향을 돌릴 수 있는 슬기를 구하고 싶다. 매일 보물찾기라도 하듯이 '기쁨거리'를 찾는다면 불평의 습성 같은 것도 달아나고 말 테지. 기쁨을 찾는 기쁨만으로도 나의 삶은 더욱 풍요로울 것이다.

어떤 굉장한 일에서보다는 평범한 일에서 기쁨을 찾는 소박함을 갖고 싶다. 하루 일과를 끝내고 잠자리에 들면 혼자서도 빙그레 웃을 수 있는 작은 기쁨들을 갖고 싶다.

계속 기뻐하기를 배우는 연습생인 내게 나태와 무관심은 금물이다. 의식적으로 깨어 있어야만 기쁨의 기회를 만들 수 있고 좀 바람직하지 못한 상황에서는 더욱 그러하다.

급한 순간에 버스를 놓쳐 안타까울 땐 즉시 다음 버스가 있음을 기뻐한다. 몸이 아파 괴로울 땐 건강의 고마움을 절감하여 기뻐하고, 글이 써지지 않아 답답할 땐 내 능력의 한계성을 깨치게 됨을 기뻐한다. 다른 이에게 내 실수가 드러나 부끄러울 땐 겸손을 실습할 기회임을 기뻐하고, 오해를 받아서 슬플 땐 인내할 수 있는 기회임을 기뻐한다.

이 모든 일들이 신앙 안에서는 더욱 가능한 것임을 기뻐하고 감사한다. 인색함이 아닌 너그러운 마음, 고집스러움이 아닌 온유한 마음에 참 기쁨은 그 뿌리를 내릴 것이다. 마음이 더 맑고 단순하질 못해서 곧잘 우울의 늪에 빠지는 부족한 나이지만 그래도 늘 기쁘게 살고 있다. 내가 먼저 기쁘지 않고서야 어찌 남에게 기쁨을 얘기하겠는가.

기쁨이야말로 내가 하느님께 드릴 수 있는 가장 아름답고 자연스러운 찬미의 기도라고 생각된다. 또한 내가 이웃에게 건네줄 수 있는 가장 밝고 조용한 마음의 선물이 아닌가 한다.

살아 있는 동안 더 열심히 기쁨을 찾아 얻고 맛 들이는 '기쁨의 부자'가 나는 되고 싶다.

1983. 1. 6 「동아일보」

나의 성탄 기도

　주님, 제가 살고 있는 모국의 산천에 올해도 어김없이 흰 눈이 내렸고 또 성탄절이 왔습니다. 당신의 이름으로 축복을 비는 여러 장의 성탄카드를 받았고, 저 역시 당신 이름을 빌려서 기쁨과 평화의 인사를 이웃에게 챙겨 보냈습니다. 평소에 못다 한 사랑의 표현을 한꺼번에 다 몰아서 하려는 듯 사람들은 저마다 선물 준비에 바빠 보였습니다.

　그러나 크리스마스가 모든 사람들의 축제 같아서 기뻤던 마음도 종종 우울해지곤 합니다. 혹시 당신은 1년에 한 번 정도 축하카드의 그림이나 구유 위의 인형으로만 생명 없는 찬미를 받고 끝나 버리는 존재는 아닌가 해서입니다. 우리 마음의 주인공이어야 할 당신은 제쳐 두고 화려한 장식이나 흥겨운 음악 따위에만 몰두하는 우리들은 아닌가 해서입니다.

　그리고 주님, 당신과의 만남이 없는 크리스마스는 이미 크리스마스가 아니지 않습니까. 선물도 파티도 자선도 당신을 아는 기쁨

에서 비롯되는 것이 아니라면 소용이 없습니다.

 가장 구체적으로 계획되고, 오랫동안 준비되어 이 땅에 내려오신 하느님의 아들이신 주님, 자신을 길이요 진리요 생명이라 이르실 수 있던 유일의 인간이신 주님, 당신이 약속하신 구원과 행복이 너무도 엄청난 것이기에 오히려 못 알아듣고 늘 믿음이 부족한 저를 용서해 주십시오.

 해마다 성탄 때 저는 저 자신이 아닌 그 무엇을 당신께 드리려고 했습니다. 그리고 당신 자신이 아닌 다른 무엇으로 저 자신을 채우려고 했습니다. 하지만 당신 자신보다 더 큰 선물은 없듯이 제가 당신께 드릴 수 있는 마지막 선물도 결국은 저 자신뿐인 것 같습니다. 이렇듯 초라하고 죄 많은 저 자신 말입니다.

수없이 당신을 부르면서도 생생한 감동이나 정성 없는 기도를 밥 먹듯이 되풀이했습니다. 당신만을 따르겠다고 서약한 제가 오히려 불충실과 배신에 빠졌던 적은 또 얼마나 많은지요. 자신은 막연하고 추상적인 사랑의 이론가이면서도 남에겐 분명하고 구체적인 사랑의 실천가가 되길 요구했던 저를 용서하십시오. 당신 앞에 저는 한 점 어둠이오나 저의 어둠은 당신을 기다리며 사는 빛나는 어둠임을 또한 기억하게 하십시오.

　주님, 오늘도 기꺼이 사랑으로 오시는 당신을 사랑으로 반기오니 받아 안게 하소서. 당신을 낳고 키워서 인류에게 건네준 성모 마리아처럼 저도 매일의 삶 속에 말씀으로 태어나는 당신을 안고 키워서 이웃에게 줄 수 있게 하소서. 당신이 오신 날은 우리 모두의 생일 ―.

　부디 가까이 머무르시어 날이면 날마다 당신의 성탄이 우리 마음속에 이루어지게 하소서. 가난하고 버림받은 이들, 절망과 고뇌로 신음하는 모든 이들도 당신께 희망을 걸고 다시 태어나게 하소서. 아멘.

　　　　　　　　　　　　　　　　　　　1982. 12. 23 「동아일보」

또 한 번의 새해에

묵은해를 보내고 새해를 맞을 때마다 우리는 크고 작은 새 결심, 새 계획들을 세우게 된다. 하지만 따지고 보면 이미 전에도 결심하고 계획했으나 실천이 잘 안 된 항목들을 다시 새롭게 하는 수도 많은 것 같다.

무슨 일이건 그저 무작정 잘해 보자는 식의 막연한 결심보다는 한두 가지라도 구체적이며 실천 가능성 있는 소박한 결심을 하는 편이 훨씬 지혜로운 일임을 깨닫게 된다.

몇 년을 두고 노력해 왔지만 아직 미흡한 탓에 올해도 '새 결심'으로 연장이 된 나의 실천사항 중에는 이런 것들이 있다.

첫째는 감사를 표현하는 생활이다. 매사에 감사하는 생활을 마음으로뿐 아니라 구체적으로 표현하는 습관을 들이려고 한다.

작은 것이라도 놓치지 않고 감사하되 이왕이면 '제때에 맞게' 감사의 말이나 글을 이용하기로 애쓴다. 오늘 감사할 일을 몇 달 뒤로 미루어 두는 느림보가 되지 않도록.

그리고 내가 남에게 베풀어 준 고마움에 대해선 되도록 둔감해지고, 그 대신 남이 내게 베풀어 준 고마움에 대해선 아주 민감하게 깨어 있을 수 있으면 정말 좋겠다. 흔히는 이와 정반대의 마음을 가지기 때문에 옹졸해지는 수가 얼마나 많은가.

둘째로는 내가 누구에게 무엇을 잘못했다고 깨달으면 미루지 말고 즉시 용서를 청하는 일이다.

나 아닌 다른 사람이 잘못을 뉘우치며 사과하는 모습은 너무 아름다워 감동스럽기까지 하다. 그런데 막상 나 자신이 그렇게 하려면 왜 그리도 쑥스럽고 힘들고 오랜 망설임 끝의 결단과 용기를 필요로 하는지 모르겠다. 참으로 용기 있는 자만이 겸손할 수 있음을 두고두고 배우게 된다.

셋째로는 작은 약속이라도 충실히 지키는 일이다.

살다 보면 우리는 많은 종류의 약속들을 주고받는데 그 중엔 쉽게 잊혀질 수 있는 하찮은 것들도 있다. 그리 중요하진 않아도 무엇을 알아봐 주겠다고 한 일, 빌려 본 책을 즉시 돌려주겠다고 한 일, 편지를 쓰겠다고 한 일 등등.

쉽게 말해 놓고 잊어버린 약속들은 의외로 많은 것 같다. 그러나 무심히 지나쳐도 그뿐인 작은 약속마저도 충실히 지켜갈 때 사람 사이의 정과 신뢰도 두터워지리라 믿는다.

번번이 "잊어버렸다"는 핑계를 일삼지 않기 위해서도 나는 늘 메모하는 습관을 들인다. 내 기억력이 못 미더운 탓도 있지만 메모를 하다 보면 뜻밖의 창조적인 생각과 마주치는 게 좋아서도 나는 즐겨 메모를 한다.

내가 살아서 맞게 되는 또 한 번의 새해. 시간은 길지 않은데 해야 할 일은 많기만 하다. 실패를 거듭해도 좋으니 노력을 거듭하자. 평범한 매일도 비범한 사랑의 지향으로 꽃피울 수 있도록 '결심의 행동화'에 최선을 다하는 것, 이것이 내가 할 수 있는 일이다.

1983. 1. 13 「동아일보」

불치의 병은 사랑

어쩌다 장거리 여행이라도 하게 되었을 때 차 안에서 계속 들려주는 노래들을 분석해 보면 하나같이 사랑 타령이요, 그것도 마음 아파 우는 내용의 가사임이 흥미롭다. 영화나 드라마의 주제도 사랑이 아닌 것은 거의 없는 듯하다.

아무리 되풀이해도 결코 물리는 일이 없는 사랑의 테마야말로 인간 최대의 관심사이며 얼마나 수많은 사랑의 역사가 이 땅에 존재해 왔던가.

사랑에 대한 개념도 끝없이 다양할 수 있겠으나 한 가지 확실한 것은 사랑은 결코 무사하지 않다는 것이다.

그것은 어느 개인에게나 하나의 충격적인 사건이며 그 희열이 주는 것만큼의 아픔과 고뇌를 수반하게 마련이다.

신이든 인간이든, 예술이든 학문이든 그 무언가에 목숨을 걸고 열중하는 삶 ― 사랑보다 더 행복하고 괴로운 병은 없을 성싶다.

"당신 아닌 누구도 치유할 수 없는 내 불치의 병은 사랑"이라고 나도 어느 시에서 읊은 적이 있지만 어떠한 묘약妙藥으로도 달랠 길 없는 이 마음의 병을 사람은 누구나 다 앓게 된다.

"그대 눈짓 한 번에 나는 넋을 잃고 말았다. 나의 누이, 나의 신부여"라고 「아가」의 신랑은 고백하고 "나의 임을 만나거든 내가 사랑으로 병들었다고 전해 다오"라고 그의 신부는 탄식한다.

폭포같이 쏟아져 오는 그리움과 화산 같은 열정을 감당치 못해 곧잘 이성 잃은 장님이 되고 때로는 귀한 목숨까지도 내던지게 되는 사랑, 그래서 셰익스피어의 비극의 주인공들처럼 인간은 불면의 밤을 지새우고, 그의 희극 속의 인물들처럼 권위나 체면을 쉽게 벗어던져도 좋은 사랑의 바보가 되길 주저치 않는다.

일정한 처방도 없는 사랑의 병은 오랜 날을 참고 잊었다가도 불시에 재발을 하고 결연한 이별을 감행하고서도 그 후유증은 꽤나 오래간다.

극히 상대적인 사랑에도 아주 온전히는 치유될 수 없을 듯한 인간 본연의 타고난 상처 — 밑 빠진 독처럼 채워도 채워도 충족되지 않는 갈망, 주고 또 받아도 매양 모자라게만 느껴지는 끝없는 배고픔과 목마름, 그러고 보면 사랑을 하는 것도 못하는 것도 병이 되는 것일까.

그러나 살아 있는 인간이면 누구나 일부러라도 걸려드는 사랑의 지병이 있어 인생은 더욱 살 만한 것임에 틀림없다.

"바닷물로도 끌 수 없고, 굽이치는 물살로도 쓸어 갈 수 없는 것, 있는 재산 다 준다고 사랑을 바치리오? 그러다간 웃음만 사고 말

겠지."

「아가」의 신부처럼 나도 아름답고 쓰라린 영혼의 몸살을 앓고 있는 것이다. 나의 의사는 누구인가?

1977. 「부산일보」

병원에서

일 년 몇 달을 분도병원 창구에 앉아 내가 읽어 온 수많은 사람들의 모습을 한데 모아 그리면 족히 한 권의 책이 될 것이다. 인생이라는 연극 무대엔 어쩌면 그리도 똑같은 사람 하나 없고, 그 배역은 저마다 다양한지 신기함을 금할 길 없다.

의사 · 간호사 · 환자 · 보호자 · 사무원 · 은행원 · 제약회사 직원들, 그 밖에도 많은 손님들의 발길이 끊이지 않고 인간의 희비애락이 시시로 엇갈리는 곳, 아기의 탄생을 축하하고 오랜 병고에서 쾌유의 기쁨을 얻어 나가는 이가 있는가 하면, 희망을 안고 왔다 그대로 죽음의 길로 떠나고 만 이들 앞에 가족들의 통곡과 탄식이 끊이지 않는 장소가 또한 병원이다.

한편에선 웃고 다른 편에선 울어야 하는 세상살이의 모순을 절감하는 곳. 병원의 긴 복도를 어둠 속에 걸어가다 문득 무서운 생각이 들 때가 있다. 슬픈 망령의 모습이라도 떠올라서가 아니라 아직 살아남은 자로서의 무거운 책임 의식 같은 게 고개를 쳐들기 때문이다. 내가 정말 살고 있는 것일까.

언제 막이 내릴지 모르는 인생 무대 위에 나는 열심히 주어진 각본에 열중하고 있는 것일까. 타인의 배역을 부러워하며 두리번거리다가 놓쳐 버린 시간들을 나는 어떻게 보상할 것인가.

내가 숨 쉬고 살아 있음이 놀라운 기적으로 생각되는 순간, 나는 타성에 매여 나태해진 자신의 모습에 부끄러움을 느낀다. "모든 것이 자꾸 지나가는데 우린 그걸 모르고 있는 거예요. 사람들은 살아 있는 동안 산다는 것이 무엇인지를 깨달을까요? 자기들이 살고 있는 일분 일초를 말예요. 장님 같은 생활이죠." 톤턴 와일드의 「우리 읍내」라는 희곡에서 에밀리가 하는 말이다.

우리는 곧 늙어 가며 100년 이상을 살 수 없는 한정된 삶임을 알면서도 곧잘 허망한 것에 집착하여 세월을 허송하기 일쑤다.

새벽에 눈 떠서 아주 조금만이라도 내일은 불확실한 미래며, 오늘이 마지막 선물일지도 모른다고 생각하길 배운다면 우리는 얼마나 더 깨어 있고 의식적인 삶을 소유하게 될 것인가.

언제 불림을 받을 것인지 이 우주와 인간을 다스리는 대연출가의 의도는 알 수 없다. "산 사람은 모름지기 죽는다는 것을 명심할 필요가 있다. 그러니 좋은 날이 다 지나고 사는 재미가 하나도 없구나 하는 탄식 소리가 새어 나오기 전 아직 젊었을 때 너를 지으신 이를 기억하여라. 비가 온 다음 다시 구름이 몰려오기 전에 그를 기억하라"는 「전도서」의 말씀이 메아리친다.

1977. 6 「부산일보」

버스를 타면

 언제나 버스를 타면 왠지 모를 흥분에 휩싸여 삶의 모습을 확인하게 된다. 내가 지금껏 살아오면서 탄 버스의 수와 그 안에서 만난 사람들의 수는 얼마나 될까, 문득 생각날 때가 있다.
 몸이 괴로울 만큼의 초만원은 아니고 서로의 얼굴을 적당히 알아볼 수 있을 정도의 공간이 마련된 버스를 타는 것은 즐겁다.
 요즘도 종종 28번이나 39번·40번 등의 시내버스를 타게 되는 나는 곧잘 안내양의 표정을 훔쳐보거나 손님들의 이모저모를 살피는 버릇이 있다.
 학생·공무원·군인·아기 업은 아낙네들로부터 백발노인에 이르기까지 온갖 유형의 사람들이 잠시라도 공평하게 공동 운명적인 동류 의식을 느낄 수 있는 곳, 앉았던 이가 내리고 한 자리씩 빌 때마다 서로 앉으라고 권하기도 하고 서로가 눈치껏 무거운 짐이나 책가방을 들어 주면, "감사합니다" "미안합니다"라는 인사가 자연스레 오갈 수 있는 곳, 공연히 눈을 부릅뜨지 않고서도 있으면 있는 그대로, 없으면 없는 그대로 만족하는 마음의 여유를 잠시라도 배울 수 있는 곳, 그래서 버스를 타면 자유롭고 홀가분한 마음이 되는 것인지 모른다.

얼른 눈에 띄는 부자연스런 유니폼 때문인지 어떤 사람들은 노인도 아닌 내게 자리를 양보해서 당황케 하고, 때로는 힐끔힐끔 보며 무어라 귀엣말을 하기도 하지만, 그렇다고 별로 불쾌한 느낌이 드는 것도 아니다.

혼자 깊은 생각에 골똘해 있는 사람, 책을 읽는 사람, 옆 사람과 담소하는 사람, 다분히 희극적인 요소를 연출해 내는 술 취한 사람, 졸고 있는 사람 — 표정도 다양한 버스 안 사람들에게 나는 더없는 친밀감을 느낀다.

오늘 이 시대 이 시간을 함께 살아가는 인연이 얼마나 큰 것인가를 실감나게 하는 버스 안의 풍경 — 나는 불현듯 인사를 나누고 싶은 충동에 먼저 내리는 사람의 뒷모습을 향해 "안녕히 가세요"라고 왼다.

우리를 목적지까지 태워다 주는 기사와 안내양에게 고마움을 느끼며 차차 비어 가는 차내에 깔린 야릇한 슬픔을 본다. 버스 창 밖으로 눈을 주면 바쁜 걸음의 행인들, 붐비는 차량들, 신호등 그리고 의상실·상점·다방·약국 등의 이름도 재미있는 수많은 간판들, 모두가 살아 있는 것들의 표시이다.

바다를 끼고 길게 연결된 부산 시내를 나의 고향처럼 느껴 보는 시간, 바람에 실려 오는 바다 내음을 맡으며 내가 지상의 순례객임을 깨닫는다. 나에게 주어진 삶과 이웃의 모습에 새로운 애착을 느낀다. 버스를 타면.

1977. 6 「부산일보」

6월엔 내가

숲 속의 나무들이 일제히 일어나
낯을 씻고 환호하는 6월
6월엔 내가
빨갛게 목 타는 장미가 되고
끝없는 산 향기에
흠뻑 취하는 뻐꾸기가 된다
생명을 향해
하얗게 쏟아 버린 아카시아 꽃타래
6월엔 내가
사랑하는 이를 위해 더욱 살아
산기슭에 엎디어
찬비 맞아도 좋은 바위가 된다

— 졸시 「6월엔 내가」

온통 신록의 향연으로 퍼런 물 뚝뚝 듣는 6월이 되면, 공연히 안달을 하던 지난봄의 몸살도 멎고 나는 질서와 안정을 되찾은 마음이 된다. "얘, 우리 그만 뻐꾸기가 되지 않을래? 그럼 눈물을 뿌리지 않고도 실컷 통곡할 수 있잖니" 하며 죽은 엄마가 무던히도 그리워 애태우던 어릴 적의 친구도 보고 싶은 6월. 내가 또한 이 세상에 태어난 그 하루가 있어 매일이 생일인 것 같은 달.

어머니가 나를 낳으실 무렵은 치마폭 가득히 생금生金을 캐담거나 혼자선 보기 아까운 고운 달을 우러러 감탄하는 꿈을 꾸셨다 했다. 그런 얘길 들을 적마다 나는 막연히 신데렐라 공주가 될 화려한 미래를 꿈꾸었고 미지의 수려한 왕자를 그리는 공상의 날개는 끝이 없었다. 결국 나는 하얀 베일 대신 까만 베일에 가려진 신부로 서원의 반지를 끼고 있으니 지금의 나는 하나의 놀라움이다.

　나의 물 같은 그리움이 포도주로 익는 계절, 6월엔 내가 더욱 사랑하는 여인이 된다. 누가 뭐래도 어쩔 수 없는 고백으로 나는 그리스도에게 사로잡히기 위해 이 세상에 태어난 것을 —. 누군가의 말대로 인간이 무언가에 목숨을 건다는 건 그만큼 아름답고 두려운 일이기도 하다. 내가 감히 목숨을 건 사랑의 대상은 범상찮은 분이어서 나를 때로는 힘들고 외롭게도 하지만 후회 없는 봉헌이다.

　고독이 뿜어내는 정결한 향기 안에 기도를 익히며 배우는 만남. 6월엔 내가 더욱 기다리는 여인이 된다. 장미와 백합의 봉오리가 소리 없이 터질 날을 기다리고, 눈부신 바람이 가득한 친구의 편지를 기다리고, 내 영혼의 눈물로 얼룩진 한 편의 시를 기다리며, 다시 와서 사라질 영원 속의 내일, 살기 위해 죽어 갈 그 언젠가의 나의 날을 또한 기다린다.

　6월엔 내가 한 점 바람에도 행복하게 흔들리는 풀잎. 숲으로 들어가 초록의 글씨로 일기를 쓰고 싶다.

　산으로, 강으로, 호수로, 숲으로 쏘다니는 작은 님프들처럼, 숨어서 삶의 기쁨을 노래하리라. 사랑이신 분 앞에 감사하며 살아가리라.

1977. 6 「부산일보」

바다의 선물

참을성과 믿음, 이것이야말로 바다의 교훈이다. 우리는 바다처럼 텅 비고 너그럽고 탁 트인 마음으로 묵묵히 누워 있어야 한다
— 바다로부터의 선물을 기다리면서.

린드버그 여사의 「바다의 선물」이란 책을 읽고 깊은 공감을 느끼기 훨씬 전부터 나는 참으로 바다를 사랑했고, 많은 선물을 바다에게서 받아 왔고, 그래서 내 이름도 바다 해海 자를 넣어 고칠 지경이었다.

부산에 살고 있는 내 가장 큰 행복 중 하나는 늘 바다를 보며 지낼 수 있다는 것이다. 바다가 없는 곳에서 찾아오는 친구들에겐 가끔 겨울바다에서 주운 아주 작은 조개껍질을 몇 개씩 주기도 하는데, 그들은 귀한 보석이라도 얻은 듯이 기뻐하는 것이었다.

바닷가에서 조개껍질을 줍는 것은 아무렇게나 떨어져 뒹구는 시를 줍는 것이라던 어느 동시인의 말을 기억한다. 기회가 있으면 바

다에 나가 흰 모래를 뜨고 조개껍질을 씻어 햇빛에 말리는 걸 보고, 철없는 소녀 같다고 놀려 대도 어쩔 수 없는 나.

바다를 생전 처음 본 것은 16세의 겨울방학. 꿈에만 그려 오던 바다를 직접 대하는 기쁨에 들떠 나는 마구 환성을 지르며 뛰어다녔다. 그때 해운대 해변에 함께 갔던 이들 중에는 이미 사제가 된 신학생, 판사가 된 고등학생, 멋진 예술가를 꿈꾸면서 프랑스로 유학 간 국민학교 동창 소년, 지금은 몇 아이들의 엄마가 된 선배 언니들이 있었다. 그때만 해도 내가 이렇게 바다와 함께 살며 파도처럼 출렁이는 마음의 수도녀修道女가 되리라곤 생각 못했었다.

그러나 그때 내 가슴에 일렁이던 그 바람 소리, 그 장엄하고 힘찬 바다의 음성을 잊을 수 없다. 그것은 어쩌면 황홀한 은총으로 내 안에 살아남아 아직도 바다를 보면 몹시 가슴이 뛴다. 울적하고 답답한 날이면 더욱 바다를 본다.

바람이 불면 폭풍의 신 포세이돈과 오디세우스의 모험이 떠오르는 바다, 베드로 사도가 스승 예수님을 만나러 가다 빠지기도 했던 바다, 그리고 죄스럽게 비좁은 나를 커다란 웃음으로 용서하며 이글거리는 태양을 내 가슴에 불 지르는 바다, 새로운 새벽을 낳고 싶은 욕망에 산모처럼 누워서 앓기도 하는 진통의 바다 —.

바다 앞에 서면 솔직해지고 싶다. 내 한 번뿐인 젊음이 무한을 노래하며 부서지는 파도이고 싶다. 끝없는 이야기를 전해 오는 푸른 바다가 나에게 주고 싶은 선물은 언제나 사랑 — 그 사랑을 이웃과 함께 나누고 싶다. 특히 옷자락에 바다 냄새가 스민 이 남쪽 항구의 벗들과 함께.

1977. 7 「부산일보」

식사 시간의 의미

　어떤 이에게 무슨 좋은 일이 생겼을 때 그 기쁨을 함께 나누는 뜻으로 사람들은 축하의 식탁을 마련하고, 또 누구를 환영하거나 이별하는 뜻에서도 그러하다. 혹은 오랜만의 해후로 회포를 푸는 데도, 서로의 오해를 푸는 화해의 뜻을 위해서도 식탁이 마련될 때가 있다.

　어떤 종류의 것이든 간에 단순히 먹는 행위 이상의 의미를 갖는 식사 시간. 오늘날과 같이 모든 것이 인스턴트나 스피드 식으로 척척 해결될 수 있는 때일수록 식사 시간은 더욱 중요한 뜻을 지닌다.

　각자가 직장이나 학교 생활에 쫓기다 보면 서로의 얼굴을 마주 대하기도 극히 힘들고, 하루에 고작 한 번 정도의 식사만 같이 하게 되는 가족들도 적지 않다. 그나마 식사 시간마저 없다면 서로의 표정을 읽으며 대화하기란 거의 불가능하다 할 만큼 모두가 숨찬 생활을 하고 있다.

현대의 인간과 환경에 적응해야 하는 수도원도 예외는 아니어서 한 울타리 안에 살면서도 서로 가까이 접할 기회가 적어짐을 안타까워하는데 그래도 회원 모두가 정답게 모여와 대화할 수 있는 때가 바로 식사 시간이다. 어느 단체를 막론하고 이 시간을 중요시하는 이유는 단지 먹기 위해서만 아니라 서로가 서로를 의식하고 연결시켜 주는 사랑과 일치의 공동체성 때문일 것이다.

누가 감히 혼자서만 하는 식사를 기꺼워하겠는가. 너와 내가 서로를 바라보며 함께 먹는 가운데 우리로 태어날 수 있는 편안한 자리, 우리는 아무도 외딴섬이 아니며 같이 가는 인생의 길벗들임을 절감하는 식사 시간이 없다면 삶은 얼마나 삭막할 것인가.

음식을 만드는 복잡한 과정과 먹고 나면 치우고, 치우면 다시 시작해야 하는 반복의 시간들이 귀찮고 "사람은 왜 먹어야 사나"라는 의혹이 고개를 들지라도, 그런 부담과 권태를 초월한 인생과 인간의 가치를 재발견하는 때가 곧 식사 시간이라 생각된다.

너와 나의 만남이 끊임없이 이루어지고, 그 만남 속에 나를 발견하며 형성시켜 가는 식사 시간이야말로 하나의 훌륭한 예술이요, 신께 감사하는 기도의 시간이 아니겠는가. 밀린 업무에 초조한 빚쟁이처럼 쫓기던 긴장감을 풀고 필요한 음식물을 섭취하듯, 우리는 또한 서로에게 필요한 자양분으로 남을 아끼고 또 사랑하는 연습의 식사 시간이어야 할 것이다.

1977. 7 「부산일보」

아름다운 의무

　몇 달 전에 나는 하나밖에 없는 내 여동생의 집을 방문한 적이 있는데, 그날 따라 유치원에 다니는 어린 조카 태균이의 투정과 심술이 심했습니다.
　참다 못한 아이 엄마는 회초리까지 들고 와서 속히 마음을 바로 잡도록 타일렀습니다.
　제 엄마가 정색을 하고 다그치는 게 두려웠던지 아이는 곧 잘못했다고 빌었고, 아이 엄마는 몇 번이나 "그래? 이제 정말 좋은 마음 되었지? 그렇지?" 하며 다짐을 받았습니다.
　언제 그랬느냐는 듯이 이내 밝게 웃으며 잘 노는 그 아이의 모습을 보는 일이 나는 대견하고 흐뭇했습니다. 제 엄마의 말대로 그 애는 좋은 마음, 선한 마음을 다시 찾았기에 활짝 즐겁게 웃을 수 있었을 것입니다.
　사람은 언제나 사랑·친절·이해·용서 등의 좋은 마음을 갖고 싶어 하지만, 자기도 모르는 사이에 미움·분노·원망·시기 등의 나쁜 마음에 떨어질 때도 많음을 우리는 각자의 체험을 통해 알 수 있습니다.

그래서 사도 바울로와 같은 훌륭한 성인도 "나는 내가 해야 하겠다고 생각하는 선은 행하지 않고, 해서는 안 되겠다고 생각하는 악을 행하고 있습니다"(로마 7,19)라고 고백했던 것입니다.

우리의 삶은 어쩌면 '좋은 마음'에로의 끝없는 노력의 여정이 아닐까요? 버섯처럼 돋아나는 나쁜 마음을 잘라내고 좋은 마음을 심기 위해선 인내와 용기가 필요합니다.

내가 받은 젊은이들의 편지에도 나쁜 마음을 좋은 마음으로 바꾸기까지의 갈등과 고뇌의 내용이 많이 적혀 있습니다. 늘 좋은 마음이 되도록 한결같이 자신의 마음을 갈고 닦는 것은 우리 모두의 아름다운 의무입니다.

"한번 소제했다고 언제까지나 방 안이 깨끗한 것은 아니다. 우리의 마음도 한번 반성하고 좋은 뜻을 가졌다고 해서 그것이 늘 우리 마음속에 있는 것은 아니다. 어제 먹은 뜻을 오늘 새롭게 하지 않으면 그것은 곧 우리를 떠나고 만다"고 마르틴 루터는 말했습니다.

매일 밥을 먹듯이 매일 빼놓지 않고 자신의 생활을 반성하는 일, 바쁜 중에서도 잠깐씩 틈을 내어 좋은 책을 읽거나 명상과 기도의 시간을 가지는 일.

인생의 선배인 부모나 스승 및 웃어른들의 말씀을 예민하게 들을 줄 아는 일, 친구들과는 무익한 담화를 피하고, 서로 충고해 줄 수 있을 만큼 성실하고 진지하게 우정어린 대화를 나누는 일 —

이 모두는 우리에게 좋은 마음을 키우도록 도와줍니다.

나는 나의 십대를 이렇게 살려고 애썼고 또한 지금도 그리합니다. 매일 한 번씩이라도 좋은 마음을 갈망하고 새롭힌다면 우리는 좀 더 행복해지리라 믿습니다.

1985. 9 「십대들의 쪽지」

수녀원에서의 편지

내게 있어 시는 그대로 기도입니다. 불완전한 모습 그대로 내가 하느님께 드릴 수 있는 가장 정직한 찬미와 감사, 참회와 소망의 언어입니다. 시는 끝없이 나를 초대하는 기쁨의 축제입니다. 혼자서만 즐기기 아까워 이웃까지 불러 모으게 하는 풍요한 삶의 축제입니다. 시는 또한 구원의 십자가입니다. 내 스스로 택한 멍에, 스스로 지고 가야 할 아프고도 아름다운 멍에입니다.

당신을 통하여 우리는

― 교황 요한 바오로 2세께

103위 성인들의 탄생으로
우리 또한 축복받은 이 땅에서
당신을 기다리는 매일은
기다리는 기쁨만으로도 축제였습니다

오월의 햇빛으로 낯을 씻고
하늘 향해 줄지어 선 나무들처럼
높이 팔을 들어 외치는
우리의 초록빛 기도

"주님의 이름으로 오시는 이여
찬미받으소서"

세계지도를 펴면

점 하나로 찍힌 듯 작은 나라지만
슬픔의 상처는 많기도 하여
애끓는 기도소리 멎지 않는 우리나라
그래서 당신을 아버지로 반기는
우리의 감격과 기쁨 속에는
넘쳐 오는 눈물 또한 숨길 수가 없습니다

세계와 인류를
뜨거운 가슴으로 포옹하는 당신은
"모든 이의 모든 것"
당신을 통하여 우리는
예수를 만납니다

때로는 폭풍이 몰아치는
믿음의 항해 중에서도
당신이 계시기에 든든합니다
필요한 곳이면 어디든지 다니시는
자유와 평화의 순례자
당신을 통하여 우리는
사랑하는 법을 배웁니다

당신도 깊이 사랑하시는

성모 마리아를 기리는 이 은혜로운 오월
당신이 이 땅에 오심으로
더 푸른 잎을 피우는 우리의 믿음과
성인이 되고 싶은 간절한 소망을
꽃보다 더 향기로운 다발로 묶어
당신께 선물로 드리고 싶습니다

순교자의 후예답게 살지 못한
크나큰 부끄러움 앞을 가리지만
당신을 통하여 우리는
다시 한 번 희망과 용기를 새롭힙니다

우리를 축복하며 웃으시는 그 모습
잊지 않고 살겠습니다
감사와 환희의 못다 부른 노래는
믿음 깊은 삶으로 채우겠습니다

이 땅에 빛을
우리 마음에 빛을 밝혀 주러 오신
사랑의 목자시여
당신을 통하여 우리는
모든 이가 하나 되는

하늘나라를 봅니다

1984. 5 「빛」

꽃골무의 추억 속에
— 어머니께

어머니, 하얗게 사위어 가는 칠순이셔도 마음은 아직 푸른 빛으로 젊어 계신 당신.

저를 낳으실 때는 달 속에서 예쁜 선녀들이 노니는 꿈을 꾸었노라고 태몽 이야기도 해 주시더니 요즘도 꽃골무를 기우십니까.

새벽에 일어나 골무를 기우시면 한땀 한땀의 그 정성이 그대로 기도가 된다 하셨지요. 지금 제가 머물고 있는 방에도 앙증스런 꽃 세 개가 수놓인 당신의 골무가 책장 모서리에 엎디어 있습니다. 그 골무 속에 담겨 있는 제 유년의 추억과 마주칠 때 저는 얼마나 즐거운지요. 당신이 수놓아 주신 온갖 노리개와 주머니와 골무들을 저는 참 많이도 아이들에게 갖다 주곤 했습니다.

몇십 년을 길들여 오신 그 손때 묻은 기도서와 묵상서는 외출할 때도 꼭 갖고 다니시는 믿음 깊은 어머니, 기도서 갈피마다에는 친필로 쓰신 기도문이며 수녀원에 간 딸들이 보낸 편지와 상본과 사진이 들어 있고 또 곱게 말린 꽃잎이나 낙엽도 끼워져 있는 걸 저는 눈여겨보았었지요.

그지없이 넉넉하고 편안한 당신의 모습을 떠올리면 늘 여유 없고 차가운 제 모습이 부끄러워집니다. 고독의 깊은 그늘을 지나 더 맑고 단순하게 정화된 당신의 표정을 저는 참 좋아합니다.

지금도 저를 부르실 때면 도라지꽃빛이 되는 당신 목소리, 이 세상에서 가장 귀에 익은 그 목소리.

이렇게 나이를 먹어서도
엄마와 헤어질 땐 눈물이 난다
낙엽 타는 노모의 적막한 얼굴과
젖은 목소리를 뒤로 하고 기차를 타면
추수 끝낸 가을 들판처럼
비어 가는 내 마음
순례자인 어머니가
순례자인 딸을 낳은
아프지만 아름다운 세상

이라고 적어 본 적이 있었지요.

알고 계시다시피 얼마 전부터 저는 다시 서울에 와서 살고 있습니다. 우리 수녀원이 서울역 근방에 있기에 이미 기적 소리에 친숙해진 저는 특히 밤에 듣는 기적 소리를 통해 많은 것을 묵상해 보고 싶습니다.

모두 낯설어서인지 부산에 두고 온 바다와 친구들이 그립습니다. 정들고 길들여진 관계에서의 이별은 그것이 아무리 신앙 안에서의 것이라 해도 역시 마음이 아팠어요. 그러나 만남 못지않게 이별을 통해 인간은 거듭날 수 있다는 제 생각엔 변함이 없습니다.

오늘도 저는 떠나는 연습을 하며 삽니다. 아침부터 밤까지 저는 저의 뜻과 결별하고 형제의 뜻을 따라야 합니다. 소극적이고 수동적인 태도와 결별하고, 적극적이고 능동적인 삶의 지표를 세워야 합니다. 성급한 것과 결별하고 인내를 가져야 합니다. 매사에 참을성 있고 작은 고통이라도 기쁘게 감수해야 한다고 남들에겐 잘도 말하는 저이지만, 저 자신은 실천에 있어 형편없는 열등생임을 당신께 정직하게 고백하지 않을 수 없습니다.

이렇게 부족한 저를 위해 앞으로도 계속 기도해 주시겠지요?

어디고 여행을 다녀올 때마다 또 특별한 기도의 체험을 할 때마다 당신이 마련해 둔 노트에 시를 적는다 하신 어머니, 언젠가 그 소중한 노트를 제게도 꼭 보여 주십시오.

"수녀님은 알고 보니 시심詩心을 할아버지, 아버지, 어머니로부터 그냥 공짜로 선물받은 거야"라고 옆의 자매들이 웃으며 얘기할 때마다 저는 고개를 끄덕이곤 합니다.

정말 저는 아름다운 선물을 받았습니다. 하지만 시를 쓴다고는 하면서도 저만큼 시에 대해 아는 게 없고 할 말이 없는 바보도 없을 것입니다.

작은 민들레꽃을 유난히 좋아하는 한 수녀가, 하얀 솜털처럼 여기저기 날려 보낸 혼의 노래들을 많은 분들이 종종 사랑한다고 전해 올 때, 저는 당황하고 부끄러워서 어쩔 줄을 몰랐었습니다. 그러나 이제는 노래를 부르게 한 주인이신 분께 그런 마음을 조용히 환희와 감사의 기도로 바칠 줄도 알게 되었습니다.

언제나 최선의 성실을 다해 오늘을 기쁘게 살고 싶은 것, 겉으로는 담담하고 조용해도 마음엔 늘 사랑의 불이 붙고 있는 겸허한 수녀 시인으로 살고 싶은 것 — 이것이 저의 바람입니다.

늘 따스한 눈길로 지켜보아 주십시오. 어머니.

1982. 4 「영 레이디」

기차가 모든 것을 지나쳐 가듯

— 인구 오빠에게

오빠, 안녕하시온지요?

채 초록이 되기 직전의 연둣빛 5월 숲을 퍽도 사랑하며 조용히 기차를 탔습니다. 가끔 타 보는 기차지만 차창 밖으로 전개되는 풍경은 언제나 새롭고, 신비하고, 기차가 모든 것을 지나쳐 가듯 우리의 삶도 그렇게 지나가는 것임을 이번엔 더욱 절감했습니다. 기차 여행은 늘 많은 걸 생각게 해요.

모처럼 어려운 걸음을 해서 끝내는 오빠도 못 보고 온 것이 시종 마음에 걸리지만 그날의 늦은 귀가도 오빠의 본의는 아니었겠음을 이해합니다. 그 집은 참 마음에 들던데요.

보내 주신 오빠의 글과 유경환 오빠의 「꽃사슴」은 참으로 감사했고, 언젠가 그 오빠께도 꼭 편지를 드리기로 하겠습니다. 많은 동시들을 하나하나 읽어 가면서 저의 생각과 비슷한 언어들도 발견하고 기쁜 마음이었습니다.

사람들이 저에게 "이제는 제법 수녀로서의 틀이 잡혔다"는 이야

수녀원에서의 편지 231

길 해 주면 꽤나 마음이 흐뭇하답니다.

 그런데 요즘 얼마 동안은 계속 우울하고 침체된 생활을 한 듯하고, 아마 그것의 영향으로 8일이나 서울에 있으면서도 선뜻 연락을 드릴 수 없었는지 모르겠습니다. 제가 걷고 있는 길에 대해 후회는 없지만 때로는 어렵다는 느낌이 전신을 싸고돌 때도 있었죠. 저 자신이 두렵고, 이웃이 두렵고, 모든 것이 고독한 안개 속으로 밀려가는 듯한 방황 속에서도 저는 마음의 평정을, 기도를 잃지 않으려고 애썼습니다. 그리고 즉시 회복될 수 있다는 확신과 희망을 언제나 지니고 살았습니다.

 어디서나 비교적 재미있게 살아갈 줄 아는 사람들 중의 하나라고 스스로를 가끔 칭찬도 해 줍니다. 마음이 자유로울 수 있는 걸 보면 저는 확실히 제 생활 속에서 기쁨을 만들며 살아가는 노력을 멈추지 않았다고 생각됩니다.

 한두 살 더 나이를 먹을수록 갈등의 무게도 달라지지만, 그만큼 그것은 또 성숙의 과정도 되는 거니까 과히 근심하지는 않겠습니다.

 벌써 제가 서원한 지도 2년째가 되는 5월입니다. 지나간 그 서원날, 그렇게도 오빠의 모습을 기다렸다가 몹시 실망했던 어린 마음을 다시 기억하며, 울기까지 했던 자기애의 표현이 지금은 부끄럽게 느껴집니다.

 모두 다 하느님의 섭리라고 믿으면 하나도 걱정할 것이 없고, 언제나 자기중심적으로만 모든 걸 생각하면 안 슬플 것도 슬퍼지는 모양이더군요. 저는 항상 신앙해 왔고, 또 열심히 신앙을 지키며,

신앙을 생활해 나갈 것입니다.

엊저녁엔 바다에 나갔었습니다. 겹겹이 밀물 몰아치는 바다는 정말 멋있었습니다. 아이들이 모여 앉아 모래집 짓는 걸 보고 오랜만에 동시도 하나 썼습니다. 저는 다작多作을 못하는군요.

참, 제가 외국 가는 문제는 의외로 복잡하게 되었으므로 당분간은 포기하는 게 좋을 듯싶어요.

수유리 성당이 가까우니 아녜스 언니하고 같이 주일 미사만큼은 꼭 참여하시길 바랍니다.

지난번에 뵈온 어머니의 표정은 무척 행복해 보이시던데, 올케 아녜스 언니의 미소가 정말 중요한 몫을 하지 않았나 싶군요. 그 언니한테는 제게 편지 안 해도 되니까 미안하게 생각지 마라고 전해 주세요.

우리 로사 양의 너무 예쁘고 화려한 옷차림이 왠지 약간 저를 불안하게 만들었지만, 그렇게 발랄하고 곱게 뻗어 가는 동생 아가씨의 외모에 감히 이 검은옷의 수녀 언니가 한마디 하기도 무엇해서 가만 있었습니다.

자주 못 가 보지만 가르멜의 언니 수녀님도 안녕하시리라 믿습니다.

오빠의 회사 일은 잘돼 갑니까? 모쪼록 잘되어 가기를 바라고 또 기도하겠습니다.

지금 또 정해진 시간이 있으므로 오늘은 여기서 끊겠습니다. 오빠도 가능하면 종종 소식 보내 주시기를 기대할게요.

이제 머지않아 장미가 피겠군요. 유머 가득하신 오빠, 언제나 좋은 가정으로 이끌어 주시길 빕니다.

주님의 은총 속에 늘 건강하시고 안녕히 계십시오. 마음으로 커피 한 잔 오빠 앞에 시켜 놓을게요.

1970년 5월 1일, 부산에서
아우, 클라우디아 수녀 드림

꽃과 같은 사람이 되렴

— 쌍둥 조카 향, 진에게

사랑하는 향아, 진아,

이렇게 이름을 부르고 보니 나도 너희들처럼 해맑은 모습의 소녀가 되는 듯해서 즐거운 마음이다.

무척 오랜만에 음악을 들으며 이 글을 쓰고 있다. 중학생이 되고 나서 처음으로 보내 준 너희들의 편지는 며칠 전에 잘 받았어.

'이 향, 이 진 올림'이라고 겉봉에 얌전히 쓰인 볼펜 글씨가 얼마나 대견했는지 모른다.

"고모님, 건강하시고 좋은 시 많이 쓰세요."

"아름다운 시로 더 훌륭한 시인이 되세요."

제법 어른스러워진 말투를 보며 새삼 세월의 빠름을 절감하지 않을 수 없었단다. 쌍둥이로서의 너희들의 탄생 소식을 멀리서 전해 듣고 축시까지 써 보낸 일이 엊그제 같기만 한데 어느새 큰 학생이 되었구나.

"혼자서는 외로워 둘이 함께 태어난 행복한 아이들아, 둘이서 사이좋게 출발을 같이 했고, 또 그렇게 나란히 자라 갈 너희들이 하나는 이다음에 피아노를 치고, 또 하나는 엄마를 닮아 바이올린을 켜면, 그 아름다운 선율은 얼마나 섬세하게 우리의 가슴을 적시우겠니"라고 갓난아이였던 너희에게 나는 말을 건네었지.

그래, 학교생활은 어떠니? 너희들이 다닌다는 신경여중은 어떻게 생겼고, 친구들은 어떠하며, 어떤 선생님들을 모시고 있는지 궁금하다.

오늘은 제법 바람이 매운 주일인데 수녀원에 미사가 없기에 여기서 가까운 군인 성당엘 다녀왔지. 약간은 수줍은 듯이 성당 안에서도 함께 몰려다니는 너희 또래의 소녀들과도 정답게 인사했었다. 간편한 옷차림에 나름대로 멋을 부린 귀여운 여학생들을 보며, 늘 교복에만 묶여 있던 나의 여학교 시절도 잠시 떠올려 보았다. 경제적으로는 지금보다 어려운 시기였지만 정신적으로는 오히려 여유있고 꿈과 정서가 풍부했던 시절이었던 것 같다.

좀 더 구체적으로 얘기해 볼까? 중학교에 입학하자마자 나는 특활반으로 문예반에 들었는데, 지도해 주는 선생님과 언니들이 모두 한가족처럼 친절히 돌보아 주었어. 그런 분들 덕분에 지금도 나는 글을 쓸 수 있다고 생각된다.

학교 뒤뜰에는 몇백 년 묵은 은행나무가 있었는데 우리는 매일 그 아래서 끝없는 이야기의 꽃을 피우곤 했다. 가을이 되면 얼마나 열심히 은행잎을 주웠던지, 나는 지금도 가을마다 그때를 기억하며 은행잎을 줍는단다.

한여름에 졸고 있는 우리들을 꾸중하시기보다 멋있는 이야기 한 편으로 마음을 사로잡아 놓고 다시 수업에 열중하시던 영어 선생님, 노랫말을 제대로 이해해야 좋은 노래 부를 수 있다며 새 노래를 배우기 전에 꼭 가사 낭송부터 시키시던 음악 선생님, 칠판 가득히 시를 적어 놓고 따라 읽게 하시던 작문 선생님 — 모두 다 잊혀지지 않는 분들이다.

친구의 생일엔 으레 정성껏 만든 카드를 들고 가서 좋은 시들을 읊기도 하고 노래도 부르면서 즐거운 시간을 보냈다.

그때만 해도 TV는 귀했고, 그 때문에 시간을 빼앗기지 않아도 되었으니 우리는 교과서 외에도 제법 많은 책을 읽고, 일기도 쓰고, 편지를 서로 주고받을 수 있었다.

공부도 성실하게 했지만 너무 피곤하게 쫓기지 않아도 되었고, 경쟁을 위해 눈을 크게 부릅뜨지 않아도 되었다. 오히려 시험과 성적의 노예가 될까 봐 두려운 마음들이었다.

무엇보다 먼저 좋은 인간성을 길러야 한다고 수업 시간마다 깨우쳐 주시던 선생님들의 말씀은 큰 힘이 되었다.

누가 옆에서 다그치지 않더라도 우린 꾸준히 공부할 줄 알았다. 미흡한 과목들을 서로 도왔고, 함께 의논해서 방학 때는 학원에도 다녔다. 공부의 즐거움을 스스로 터득한 셈이라고 할까.

이런 얘길 들으면 너희는 아마 부러운 생각도 들겠지? 시간이 있더라도 취미 생활보다는 교과서를 들고 있어야 마음이 놓이는 실정이라는 너희의 말을 통해 내가 다니던 때와 지금의 큰 차이를 실감하게 된다.

선생님들과 좀 더 친숙해지고 싶어도 잘되지 않아 국민학교 시절이 종종 그리울 때가 있다고 했지? 공부의 부담이 너무 커서 지겹다는 느낌조차 들고, 그래서 방학만 기다리게 된다는 것, 성적과 외모에 대한 고민이 늘어 간다는 것 등등 — 너희들과 친구들의 문제점을 솔직히 얘기해 줘서 고맙다.

이런 너희들에게 내가 무슨 말을 할 수 있을까. 실제적인 도움을 주지 못하니 답답하고 미안할 뿐이다. 하지만 우선은 있는 현실을 그대로 받아들이며 해야 할 바를 충실히 하자. 공부에 대한 강압적인 요구도 따지고 보면 결국 너희들 자신을 위해서가 아니겠니? 뜻은 좋지만 방법적인 면에서의 개선이 필요하다는 것을 누구나 다 절감하고 있는 터이니 희망을 갖고 기다려 보자.

늘상 어른들의 훈계에 귀가 따가울 너희들에게 나도 내친김에 몇 마디만 더 하고 싶구나. 너희가 세워야 할 새해 결심에 약간의 보탬이라도 되면 좋겠다.

첫째, 이왕 하는 공부를 찡그리지 말고 좀 더 즐겁게 하자. 시험을 위해서보다는 새로운 지식을 얻게 되는 기쁨에 맛 들이며 적극적으로 배우는 자세가 중요하다. 노력한 만큼의 성적이 안 나왔다 해서 울고불고 야단을 하기보다는 겸손한 마음으로 사실을 받아들일 수 있는 용기가 있어야겠다. 나도 시험을 볼 때마다 실수를 통해 배운 게 많았고, 자신의 한계를 인정하는 계기로 삼았다.

둘째, 언제나 고운 말, 바른 말을 쓰자. 집에서나 학교에서 어른들께는 예의 바른 존칭어를 쓰고 친구들에게도 품위 있는 말을 하자. 자신을 가리켜 '내가'라고 하기보다 '제가'라고 낮추어 말하는 겸양의 말투를 요즘은 거의 찾아보기 힘들구나. 생각 없이 함부로 말해 버리는 것처럼 어리석은 일은 없다. 그런데도 우리는 얼마나 예의 없고 거친 말을 의식 없이 하는지 슬플 때가 많아. 예쁜 소녀들의 입에서 "꼴 보기 싫어", "지겨워" 따위의 말이 거침없이 쏟아질 때마다 몹시 실망이 된다. 재미있는 농담이라도 저속한 말장난은 아예 안 했으면 좋겠다. 지나친 요구일까?

셋째, 시간을 좀 더 아껴 쓰는 사람이 되자. TV 앞에 앉아 있는 시간을 조금만 더 줄이면 그래도 책을 읽고 사색할 틈을 약간이라도 낼 수 있지 않을까? 무심히 놓쳐 버리기 쉬운 토막 시간까지도 잘 활용하는 것이야말로 우리가 터득해야 할 삶의 지혜이다.

넷째, 작은 일에도 늘 감사하는 사람이 되자. 매사에 구체적으로 감사의 표현을 할 만큼 감사하는 습관을 들이다 보면 불평거리는 줄어들고 기쁨이 많아지는 법이란다. 「파레아나의 편지」의 파레아나처럼 너희들도 부지런히 기쁨의 게임을 할 수 있었으면 해. (이 책을 아직 안 읽었으면 꼭 구해 읽기 바람.)

이제 해가 저물고 새해가 밝아 오는구나. 유치원 시절부터 해마다 내게 보내 준 너희들의 성탄카드는 그대로 다 모아 두었으니 언제 전시회라도 할까? 나도 고운 카드 넉 장을 너희 동생들 몫까지 합해서 준비해 두었단다. 방학하고 나면 시간이 날 테니 엄마나 아빠와 함께 여길 한번 방문해도 좋아.

끝으로 내가 가장 좋아하는 동시 한 편을 적어 보내니 친구들과도 나누어 읽고 그 깊은 의미를 헤아려 보렴.

나는 꽃이에요
잎은 나비에게 주고
꿀은 솔방 벌에게 주고
향기는 바람에게 보냈어요
그래도 난 잃은 건 하나도 없어요
더 많은 열매로 태어날 거예요
가을이 오면

— 김용석의 「가을이 오면」

이 시의 꽃처럼 말할 수 있는 사람은 얼마나 행복하겠니.

사랑하는 향아, 진아, 너희들 역시 이 꽃과 같이 아름답고 진실한 삶의 주인공으로 성장해 가기를 기도하면서 오늘은 이만 접는다. 안녕.

1983. 3. 「학생중앙」

3월에 띄우는 글

— 아우 로사에게

단발머리 소녀가

웃으며 건네준 한 장의 꽃봉투

새봄의 봉투를 열면

그 애의 눈빛처럼

가슴으로 쏟아져 오는 소망의 씨앗들

가을에 만날

한 송이 꽃과의 약속을 위해

따뜻한 두 손으로 흙을 만지는 3월

나는 누군가를 흔드는

새벽바람이고 싶다

시들지 않는 언어를 그의 가슴에 꽂는

연두색 바람이고 싶다

— 졸시 「3월에」

사랑하는 로사야,

아름답고 멋있게 생긴 너를 나는 곧잘 '장미 아가씨'라 부르곤 했는데, 네가 어느새 두 아이의 엄마가 되었으니 세월의 빠름을 새삼 절감한다.

"내 사랑, 언니. 안녕? 언니, 참 보고 싶다."

네 정답고 애교 섞인 음성이 그대로 배어 있는 듯한 몇 년 만의 편지를 받고 얼마나 반가웠는지 모른다.

너를 그토록 따른다는 계현이도 어린 밤송이 같은 태균이도 다 잘 크고 있니? 네가 살고 있는 서울의 아파트에도 이 남쪽의 봄바람을 실어 보내고 싶다.

내가 3월을 좋아하는 거 너 알고 있니?

흰 옷을 즐겨 입으며 평생을 고독과 은둔 속에 혼자 살다 간 미국의 여류 시인 에밀리 디킨슨은 3월에게 이런 말을 건네고 있단다.

정다운 3월아, 어서 들어오렴
내 너를 만나 얼마나 기쁜지
난 네가 참 보고 싶었어
어서 모자를 벗으렴
빨리 달려오느라 얼마나 숨이 차겠니?
그동안 어떻게 지냈는지?
나와 함께 2층으로 올라가자
난 네게 할 얘기가 많단다

꼭 친구에게 말을 건네는 듯한, "Dear March, come in!"으로 시작하는 이 시를 나는 3월이면 제일 먼저 외어 본다.

로사야, 3월은 내 마음을 온통 연둣빛 크레용으로 색칠하는 것 같다. 출발과 행진march의 3월, 수녀원 입회를 서둘러 내가 기차를 탔던 3월, 담담한 표정 밑에 고뇌와 정열을 감추고 그림에 몰두하는 벗으로부터 소중한 십자가를 선물받고 가슴이 뛰었던 3월.

해마다 새 애인을 맞아들이듯 새 지원자들을 맞아들이는 바쁘고도 기쁜 나의 3월, 언덕 위의 나무들과 함께 내 가슴에도 새순이 돋고, 침묵했던 꽃망울과 함께 나의 희망도 터지려 한다.

이 생명의 3월에 너와 나도 다시 태어나자.

녹색의 커튼이 어울리는 우리 방(수녀원에선 혼자 쓰는 방도 우리 방이라고 부르지) 창가에 서면 바다도 볼 수 있어. 십자가 밑에 박두진 선생님이 쓰신 '사무사思無邪' 족자도 걸려 있는 방, 촛불 켜고 성서 읽으며 시와 음악도 자주 초대하는 이 방을 나는 '민들레의 영토'에 자리한 '민들레 방'이라고 나름대로 이름해 본다.

틈틈이 바다에서 주워 모은 정교한 모양의 조가비와 고운 꽃잎이나 나뭇잎들을 모아 두는 취미는 아직도 여전하단다. 그래서 우리 방엔 언제나 바다가 넘실대고 꽃밭의 바람 소리가 들리는 듯해.

3월은 또 소년과 소녀의 달인 것 같지 않니? 신지식의 「감이 익을 무렵」, 웹스터의 「키다리 아저씨」, 올코트의 「작은 아가씨들」 속의 소녀들, 몽고메리의 「빨강머리 앤」과 엘레나 포터의 「파레아나의 편지」에 등장하는 젊은 주인공들을 한꺼번에 생각해 보기도 하

면서 나도 그들처럼 늘 밝고, 싱싱하고, 창조적인 생활태도를 갖고 싶다. 파레아나와 같은 그 기쁨의 게임을 너는 가정에서, 나는 수녀원에서 열심히 연습해 보지 않을래?

나는 네게 늘 할 말이 많지만 다음에 또 쓰기로 하고 오늘은 이만 접는다.

봄이 오는 바닷가에서 시를 캐는 해녀이고 싶은 작은언니 클라우디아가 사랑을 보내며 안녕.

여기 내가 어느 강의에 쓰려고 준비했던 글을 동봉하니 네 아들과 딸이 소년·소녀가 되었을 때 한 번쯤 읽어 주지 않을래? 시로 쓴 엽서 두 장이야.

소년에게

언제나 너를 그리는 내 기억의 푸른 숲에는 한 그루 미루나무가 서 있었다

가슴으로 잎을 피우며 바람에 키 크는 정다운 나무

하늘 향해 겁 없이 서 있는 그 늠름한 의지를 나는 사랑한다

너를 그리는 내 기억의 푸른 바다 위엔 희망의 배 한 척이 떠 있다. 거센 파도에 표류해도 부서지지 않는 견고한 한 척의 배, 끊임없이 전진하는 그 당당한 항해를 나는 사랑한다

너를 생각하는 내 기억의 푸른 집에는 사색의 언어가 살아 뛰는

아담한 서가가 있다. 네가 길들여 놓은 책상이 있다. 위대한 사상과 심오한 철학과 아름다운 예술과 네가 만나는 자리

진리에 대한 갈망과 정의에 대한 열정과 삶에 대한 애정, 젊음이 주는 기쁨과 그 고뇌의 향유를 나는 사랑한다

때로는 잠을 설치며 햄릿이 되어 보고, 로미오가 되어 보기도 하는 너를 이해하고, 시시로 가슴에 돋아나는 그 불안과 회의를, 그리고 그것을 극복하기 위해 싸우는 네 씩씩한 투사 정신을 나는 사랑한다

네가 어른이 되어도 소년 때의 꿈과 이상과 희망을 잃지 않고 살아 주었으면, 나는 항상 나무처럼 곧고, 바다처럼 푸르게 살아 주었으면 좋겠다. 너를 그리는 내 기억의 하늘 위에 지금은 노을이 타고 있다. 하얀 새 한 마리 날고 있다

소녀에게

내 마음속에는 풋풋한 풋과일 내음 나는 너, 17세의 소녀가 살고 있다

봄햇살 같은 웃음을 지닌 너와 함께 나는 종종 즐거운 산책을 한다. 읽을수록 좋은 「어린 왕자」를, 윤동주·노천명·릴케와 헤세의 시를, 때로는 르누아르의 그림과 모차르트의 음악을 이야기한다

민들레, 나비의 무늬, 떠도는 구름, 저녁놀, 산바람 소리를 이야기한다. 너무나 멀리 있는 것 같아도 실은 너무나 가까이 있는 하

느님의 사랑에 대해서, 모든 아름다운 것들에 대해서 끝없는 이야기를 풀어내는 아름다움

값비싼 보석보다도 파도에 씻긴 작은 조가비 한 개를 더 사랑하고, 거액의 지폐보다도 한 장의 낙엽을 더 사랑할 수 있는 너의 순수를 누가 어리석다 할지라도

나는 그렇게 어리석은 기쁨만으로 평생을 살고 싶다

어느 눈 오는 겨울밤, 네가 내 가슴에 쏟아 놓는 하얀 눈물처럼 나도 누군가를 위해 대신 울어 줄 수 있다면, 작은 손 하나라도 이웃에게 건네주며 착하게 살 수 있다면 얼마나 행복할까

언제나 설레는 마음으로 사물을 대하는 그 초록의 감성과 풀잎처럼 부드럽고 꾸밈없는 너의 언어를 배우고 싶다

누구와도 금방 친해질 수 있지만 또 금방 헤어질 수 있는 네 망설임 없는 자유와 결별의 용기도 사랑하고 싶다. 어느 시인의 표현대로 소녀야말로 살아 있는 시인 것을

세월이 가도 시들 줄 모르는 너의 꽃밭에 내가 살고 있다. 매일을 새로운 빛으로 꽃물 들이는 너의 곁에서 나는 오늘도 기쁨을 줍는다

더 맑고, 투명하고, 순수한 기도를 바치고 싶어 아무도 모르게 몸살을 앓고 있다

1982. 3 「학생중앙」

대추나무 곁에서

— 언니 수녀님께

　　내 마음이여, 조용히
　　저들 나무는 기도하고 있습니다

　언니 수녀님, 제가 좋아하는 타고르의 이 시구와 함께 늦가을 인사를 드립니다. 정말 오랜만이지요? 제가 부산에 있을 때는 언니도 함께 부산에 계시다는 사실이, 자주 뵙질 못해도 든든한 마음이었는데 서울에 와 있으니 언니의 병약하신 모습이 떠오르면서 종종 불안한 꿈을 꾸기도 해요.
　그곳 가르멜 수녀원 안뜰에도 가을이 깊었겠지요? 가을과 바다와 꽃과 나무는 늘상 저를 사로잡는 시의 주제이기도 합니다. 자연은 참 이상하리만큼 신비한 힘을 지녔음을 살아갈수록 더욱 느끼게 됩니다. 나무가 귀한 우리 집에선 요즘 커다란 대추나무가 인기예요. 빨간 대추를 얻으려고 오다가다 한 번씩 흔들어 보곤 깔깔대는 우리들의 웃음소리를 나무는 알아듣는 것만 같아요. 방금 대추

　몇 개를 방에 들고 들어와 만지작거리니 어느 가을, 언니가 제게 보내셨던 그 향기로운 모과도 떠올랐습니다.

　오늘은 조용한 주일, 여기에 미사가 없어 명동 성당엘 다녀왔어요. 수리 관계로 성당은 좀 어수선했고 많은 이들로 붐비었지만 오랜만에 올려다본 색유리며 성가 소리가 좋았습니다. 수녀원에서의 미사와는 또 다른 생동감을 안겨 주었어요.

　왠지 차츰 메마르고 기계적이 되어 가는 저의 기도생활을 돌이켜 보게 됩니다. 하루에 서너 번은 꼭 함께 드리는 공동 기도의 시편들도 늘 신선한 감동으로 안겨 오기 위해선 얼마나 끊임없는 노력으로 제 마음을 갈고 닦아야 할는지요. 언니가 제게 그토록 자주 깨우쳐 주시던 '겸손의 길'에서도 저는 너무 멀리 있음을 보게 됩니다.

　요즘은 성서와 함께 「논어」나 「도덕경」에서도 얻는 게 많아요. 특히 "허물이 있어도 고치지 않는 것, 이것이 곧 허물이다"라는 공자의 말씀과 "도는 계곡의 물과 같다"는 노자의 되풀이되는 물의 찬양이 퍽 좋은 묵상거리를 줍니다.

지난주엔 묵호의 박 신부님이 제게 작은 꾸러미를 하나 보냈어요. 그 속엔 지난봄에 세상을 떠난 그의 아우 신부님께 제가 간간이 써 보냈던 십여 년간의 엽서며 편지들이 차곡차곡 접혀 있었습니다. 그것을 본 순간 고인에 대한 슬픔이 새로워져서 한쪽으로 밀쳐 두었던 것을 그 후 조금은 낯선 느낌으로 읽기 시작했습니다. 비록 자신이 쓴 것이긴 했지만 그건 꽤나 순수하고 믿음 깊은 한 구도자로서의 성실한 사색과 열망이 배어 있는 글들이었어요.

어쩌면 타다 만 연탄처럼 힘이 없던 저의 생활에 다시 불을 붙여 준 이 가을의 소중한 선물이었다고 생각됩니다. 수련을 처음 시작했을 때처럼 순수한 열망을 되찾아 열심히 살겠다는 원의와 노력 — 이것이 저 때문에 늘 걱정이 많으신 언니께 제가 드릴 수 있는 마음의 선물인 것 같습니다. 수백 번 결심해도 열수백 번 떨어지는 저의 약함을 두려워하지 않을 수 있는 용기를 구합니다. 계속 기도 중에 도와주시리라 믿으며 한 번밖에 주어지지 않은 제 삶의 귀한 몫을 힘껏 살아 갈게요.

하느님의 사랑 안에서 언니의 평강을 기원하며 끝으로 이렇게 적어 봅니다.

　　이별과 죽음의 얼굴도
　　그리 낯설지 않은 이 가을의 끝

주님, 이제는 나도 당신처럼 어질고 아프게
스스로를 비우는 겸손의 나무이게 하소서
아낌없이 비워 냈기에
가슴속엔 꺼지지 않는 지혜의 불을 지닌
당신의 나무로 서게 하소서

늦가을에, 해인 드림

1983. 11「소설문학」

바다가 보이는 수녀원에서
— 벗 유승자에게

　　　　피고 싶어서
　　　　피고 싶어서
　　　　밤마다 몸살을 앓았대요
　　　　열도 높았대요
　　　　봄비가 내리는 아침엔
　　　　하나도 아프지 않대요
　　　　산에 들에 터지는
　　　　진분홍 웃음소리
　　　　꽃 문이 열리는 소리
　　　　진달래가 아프지 않자
　　　　덩달아 몸살하던 나도
　　　　이젠 아프지 않아요

　　사랑하는 벗, 승자야.

바로 며칠 전에 내 푸른 노트 안에 적힌 이 동시와 함께 너에게 봄인사·꽃인사를 보낸다. 영이를 통해서 선물로 보내 준 까만 가방도 잘 받고, 원고지에 몇 자 적어 넣은 네 오랜만의 필적이 하도 반가워서 눈물이 핑 돌았었다. 1년 이상이나 못 본 널 꼭 만나 보고 떠나고 싶었지만 너도 오랜 공백 끝에 다시 시작한 교사생활에 정신없을 것 같고, 나 역시 새로 시작하는 소임에 빨리 적응해야겠다는 생각에서 경황없이 그냥 내려오고 말았지.

밀리고 밀린 너의 이야기는 차차 조용히 듣기로 하고, 오늘은 내가 부산에 내려와서 잘 지낸다는 소식만 우선 전하기로 할게. 3년 동안의 부산한 서울생활을 마무리하고 다시 부산 본원에 살게 된 것이 내겐 얼마나 기쁜지 몰라. 너도 잘 알다시피 이곳은 내게 민들레꽃처럼 작고 소박한 노래들을 많이 탄생시켜 준 '민들레의 영토'이기도 해.

지금 우리 집 산속은 온통 진달래가 붉은 꽃바다를 이루고 있어서, 오늘도 몇몇 수녀님들과 꽃 이야기를 하며 산길을 돌아왔단다. 아무리 보아도 싫증이 나지 않는 꽃, 화려한 빛깔을 지녔으면서도 소박하고 만만하게 느껴지는 꽃, 장소를 가리지 않고 아무 데나 잘 피어 주는 그 적응성과 개방성을 우리는 한바탕 칭찬해 주었지. "이렇게 부담 없고 아름답게 한국인의 정서에 와 닿는 진달래야말로 우리의 나라꽃이 되었으면 좋겠는데 …" 하고 누군가가 말하기도 했지.

성당 옆 언덕길엔 라일락과 천리향이 줄지어 있어서 그들의 아름다운 향기에 흠뻑 취하곤 한다. 노란 수선화가 가득 핀 묘지에 가서도 고이 잠드신 아홉 분의 수녀님들께 "잘 다녀왔습니다" 하는 인사를 드렸었다. 그분들의 생전의 미소를 떠올리면서 순례의 의미를 묵상했어.

어제는 짐을 풀고 방 정리를 했지. 짐이라야 성서 외 몇 권의 책과 노트, 옷가지와 신발이 전부지만 여행길엔 왜 그리 큰 짐으로 느껴지던지. 좀 더 적은 물건을 가지고 크게 사는 법을 다시 연구해 봐야겠어. 얼마쯤은 낡고 칠이 벗겨진 책상과 옷장과 침대가, 멋있고 반들반들한 새 가구들보다 훨씬 더 정답게 느껴지는 우리 방이다.

책상 위엔 '아멘'이라고 새겨진 초와 성모상과 민들레꽃 카드가 있고, 또 너를 통해 알게 된 법정 스님이 언젠가 보내 주신, "복福은 검소함에서 생기고, 덕德은 겸양에서 생기며, 지혜는 고요히 생각하는 데서 생긴다"는 말이 적힌 부처님 카드도 하나 있다. 하얀 벽에는 십자고상이 있고 내가 제일 좋아하는 말 중의 하나인 「논어」의 '修己安人'(수기안인 ― 자기를 닦아서 남을 편케 함)이 적힌 족자도 걸려 있다.

햇볕이 꽤 잘 드는 창가에는 친구 수녀님이 하얀 마가린 통에다 이끼를 깔고 심어 준 제비꽃들이 오밀조밀 피어 있단다.

이만하면 너는 내가 머무는 곳을 상상할 수 있겠지? 아직 바닷가에는 나가 보지 못했어. 소라껍질을 보고 싶다던 네 말을 기억하며 열심히 조그만 소라껍질과 조가비를 줍던 그 추억의 바닷가를 종종 걷게 되었으니 기쁘기 그지없어.

　네가 새로 담임을 맡아 사랑을 쏟을 그 소녀들의 모습도 궁금하구나. 너는 그 애들을 모두 시인의 가슴으로 설레게 하는 아름다운 국어 선생님이 되고도 남으리라 믿어. 우리가 지금껏 늘 해 온 말이지만 서로의 자리에서 더욱 열심히 살자. 그리고 사랑하자. 진달래꽃빛의 우정을 기도에 담아 보내며 언제나 너의 건강을 빈다.

　안녕.

1985. 5 「샘터」

감사기도를 바치고 싶은 주일에

— 박두진 선생님께

✠ 영원히 아멘.

존경하올 선생님,

틈나는 대로 바로 우리 집 앞에서 출렁대고 있는 저 겨울 바다에 다녀오리라는 생각을 하고 있습니다.

며칠 동안 비워 두었던 성당 자리와 식당 자리에 제가 나타났을 제 저의 자매들은 모두 정다운 눈짓으로 그동안 어디 갔다왔느냐고 묻는 듯합니다.

요즘은 성탄을 준비하는 대림 시기라 그런지 수도원의 분위기는 여느 때보다 고요하고 엄숙하게 느껴집니다. 어젯밤엔 모두 조용한 마음으로 한자리에 둘러앉아 '대림의 밤'을 준비했습니다. 전깃불을 끄고 긴 테이블 위에 초만 몇십 개 준비해서 켜 놓고, 그 위에 색색의 헝겊으로 된 등을 씌워 놓으면 불빛은 한결 더 아름답게 보입니다.

「아베 마리아」 같은 음악을 듣다가 우리는 다같이 서서 성서를 듣고, 묵상하고, 노래하고, 때로는 어느 수녀님의 얘기를 듣거나 시를 낭송하기도 합니다.

4주 동안 계속되는 대림 미사 때, 파란 소나무로 엮은 대림환 위에 켜진 촛불은 언제나 이상한 감동, 기다림의 아름다운 기쁨을 느끼게 해 주곤 합니다.

오늘은 두 개의 촛불을 켜 놓았는데, 네 개가 켜질 때는 성탄이 가까웠음을 알게 됩니다.

해마다 맞는 성탄이지만 해마다 새로운 의미를 가져다주고, 그래서 이번에 맞게 되는 축일 또한 저에겐 너무나 뜻 깊은 것이 되리라 미리 생각해 보고 있습니다.

바로 2년 전 성탄 때 저는 필리핀에서 한국말로 2년 서원 갱신誓願更新을 했는데 이제 그 임기가 되어 다시 서원을 새롭히고, 오는 2월엔 마지막 약속의 반지를 받게 될 것입니다.

첫서원 때는 보다 많이 감정이 작용했던 것 같고, 이제 몇 년이 지난 후 교회 안에서 다시 종신 서원終身誓願이란 장엄한 예식을 갖게 되는데, 물론 외형적인 것보다는 마음이 문제겠지만, 이번엔 보다 의지의 힘이 크게 작용해야겠음도 또한 느낄 수 있습니다.

지난번에 서울에서 선생님과 얘기할 수 있었음은 퍽 귀한 선물이었습니다. 주신 책과 글씨도 함께.

홍 선생님이 선생님과 연락해서 제 종신 서원식 때 같이 가자고 하신다 했는데 정말 꼭 그리 되었으면 좋겠습니다. 하지만 아주 무리하시란 말씀은 아니고요. 그저 왠지 꼭 선생님을 모시고 싶은 마음입니다.

1월 중순경, 큰 피정에 들어갈 때까지는 계속 문지기 노릇을 하며 여기 본원에 있게 되고 상경上京도 어려울 것 같습니다.

출판사 신부님이 선생님의 글씨에 따라서 책 표지 색깔은 준비하겠다 하셨고, 크기는 국판으로 정했습니다. 원장 수녀님이 이왕하는 거니 뚜껑도 양장으로 하자고 하셨고, 우리 집 식구만 해도 2백 명 가량 되니, 부수도 조금 넉넉히 하실 의향인 듯했습니다.

'되어지이다' 하는 마음으로 여기 내려와 있지만 저 대신 다른 분들이 여러 모로 수고가 많으신 것 같아서 죄송한 생각이 들어요.

견본으로 빌려 왔던 책 중 하나는 선생님께 찾아갈 최 안젤라 수녀님께 드렸고, 다른 하나는 신부님이 갖고 계신데 후에 꼭 돌려드리도록 하겠습니다.

쉘 실버스타인이란 이가 그림을 곁들여 우화 식으로 만든 The Giving Tree란 책을 읽었습니다. 베네딕도 수도원의 분도출판사에서 「아낌없이 주는 나무」라는 제목으로 펴냈는데, 선생님께도 들려 드리고 싶어요.

— 옛날에 한 그루의 나무가 있었는데, 나무에겐 사랑하는 소년이 하나 있었거든요. 아이는 매일같이 나무에게로 와서 떨어지는 나뭇잎을 주워모으고, 그것으로 관을 만들어 쓰고 숲속의 왕자 노릇을 했대요. 소년은 나무 위에 기어올라 사과도 따먹고, 가지에 매달려 그네도 뛰고, 숨바꼭질도 하다가 그늘 밑에서 단잠을 자기

도 했어요. 나무와 소년은 서로 아주 행복했습니다.

그런데 차츰 시간이 흐르고 소년도 나이가 들어, 나무는 전보다 홀로 있는 시간이 많아졌어요.

어느 날 나무를 찾아간 큰 소년보고 나무가 그전같이 즐겁게 놀자고 했을 때, 소년은 너무 커 버려서 자기는 이제 나무 위에 오를 수 없고 신나게 살기 위해 돈이 필요하다 했습니다. 나무는 돈 대신 사과를 따다가 팔라고 했고 소년은 모든 사과를 따 가지고 가 버렸습니다. 나무는 그래서 행복했습니다.

떠나간 소년은 오랜 세월 후에 다시 와서 나무더러 집이 하나 필요하다 했는데, 나무는 "내게는 집이 없지만 내 가지들을 베어다가 집을 짓지 그래" 그러기에 소년은 나무의 온 가지들을 다 베어 가져가 버렸고, 그래서 또 나무는 행복했대요.

떠나간 소년은 오랜 세월이 가도록 오지 않다가 어느 날 드디어 늙은 모습을 하고 와선 "난 너무 나이가 들고 비참해. 이젠 놀 수가 없어. 나를 먼 곳으로 데려갈 배 한 척이 있으면 좋겠다"고 했습니다.

"내 줄기를 베어다가 배를 만들렴." 나무가 말했고 소년은 그 줄기를 베어 배를 만들어 타고 멀리 떠났으나 돌아오지 않았습니다.

오랜 세월 후에 소년은 지쳐 버린 할아버지가 되어 돌아왔지만 나무는 줄 것이 없음을 한탄했고, 소년은 이제 이빨이 나빠서 사과를 먹을 수 없고, 그네를 뛰고 놀 기력도 없음을 한탄했습니다.

"나는 이제 다만 늙어 버린 나무 밑둥일 뿐이야, 미안해"라고 한

 탄하는 나무에게 소년은 이제 자기가 필요한 건 별로 없고 그저 앉아서 쉴 조용한 곳이나 있었으면 좋겠다고 얘기합니다. 너무나 피곤하다고.
 "아 그래" 하며 굽은 몸뚱이를 애써 펴면서 나무가 말했어요. "자, 앉아서 쉬기엔 늙은 나무 밑둥이 그만이야. 이리 와 앉아 쉬도록 해."
 그래서 소년은 나무가 시키는 대로 했고, 나무는 그래서 행복했다는 것으로 끝을 맺는 극히 짧은 이야기가 얼마나 많은 것을 생각하도록 해 주었는지 모릅니다.
 세상을 살아가는 우리 모두가 그 나무처럼 아낌없이 자신을 줄 수 있는 마음들이 된다면 얼마나 기쁘고 평화로운 거처가 될까 하고 생각해 봅니다.
 선생님, 저도 조금씩 그 나무와 같이 주는 마음을 배우고 싶어요. 우리가 인간을 또는 신을, 그 어떤 대상을 진정으로 사랑한다면 결국 자기를 몽땅 내주고 상처받아 있으면서도 그 나무처럼 행복하다고 외칠 수밖에 없을 것입니다.

보이지 않는 하느님을 보이는 것처럼 사랑하긴 힘이 들어요. 그분은 너무 욕심이 많으시고 또 질투도 많으셔서, 제가 조금이라도 곁눈질을 하는 것을 용납치 않으십니다. 제가 깊이 사랑하고 싶던 사람들도 다 잊어버리고 오직 당신만을 쳐다보라고 하셨습니다.

저의 포기는 괴롭고 우울한 것이 아닌 기쁜 선택, 자유로운 봉헌이었지만 아직도 철없이 어리기만 한 저는 가끔 눈물을 흘릴 때가 있습니다. 아픔을 이기느라고 애를 쓰면 저절로 눈물이 나고, 그러면서도 저는 또 언제나처럼 행복해요.

내일은 성모 마리아의 큰 축일이기도 해서 저는 아주 열심히 뜨거운 노래를 부르는 가운데 선생님도 기억하겠어요.

언제나 두서 없이 이어 가는 제 얘길 들어 주시는 선생님 같은 분을 알게 해 주신 하느님께 다시 한 번 깊이 감사드리고 싶습니다. 선생님께는 무슨 얘기든 다 할 수 있을 것 같아서요.

자꾸만 감사기도를 바치고 싶은 주일입니다.

큰 소리로 웃고 싶은 마음의 기쁨을 느낍니다.

다시 글 드릴게요. 글씨가 지저분해서 죄송합니다.

1975년 12월, 부산에서
OO 올림

▷ 이 편지는 다음과 같은 받은이의 소개 말씀과 더불어 「문학사상」(1981)에 「수녀 시인에게서 받는 정결한 감동」이라는 제목으로 실렸다 — 편집자 주.

편지 받는 일을 무엇보다도 반가워하고 길고 긴 고백이나 사사로운 사연일수록 나는 고마워하고 감동을 잘한다. 그러면서도 나는 답장을 하는 일에 게으르고 거의 결례투성이로 늘 마음에 부담과 가책을 느끼면서도 답장은 안 하게 된다.

날마다 오는 우편물 속에서 맨 먼저 뜯어 보는 것도 물론 사신이다. 막연하게 누군가의 편지를 기다릴 뿐 아니라 으레 있음직한 이의 편지를 학수고대한다.

받기만 좋아하고 답장을 잘 못하는 그러한 나에게 계속 편지를 보내 주는 이가 이 수녀 시인. 6, 7년 가까이 편지를 받으면서 한두 번 외에는 답장을 보낸 기억이 없다. 그러면서 나는 거의 늘 편지를 기다리고 또 기다려질 만한 시기에 그는 편지를 보내 온다.

내 시에 대해서 관심을 가져 준 일과 그의 시집을 내는 일에 의논 상대가 되어 준 일이 계기가 되었지만, 그는 무엇에고 자기가 느낀 일은 편지로 써 보낸다. 자잘하고 일상적인 수도원 생활은 물론 문학 얘기, 인생 얘기, 신앙 얘기에 이르는 그의 고백은 언제나 깊고 정결한 감동을 내게 준다.

그의 편지를 읽을 때마다 나 자신의 생활과 종교생활에 대해 깊은 성찰을 아니치 못하게 된다. 깊고 더 깊게, 높고 더 높게, 투철하고 더 투철하고자 하는 그의 구도 정신과 수도 정신은 그러기 위한 과정의 인간적인 고뇌와 아픔, 영원한 구원의 희열에 대한 확신과 헌신이 언제나 그 편지의 지배紙背에 영롱임리하게 어리고 젖어 있다.

여기 이 편지에 대한 답장을 했는지 안 했는지 확실하지 않으나, 다만 받자마자 한 번 읽고 나서 또 거듭해 읽었던 기억만은 생생하다. 그렇게 원하는 그의 종신 서원 예식에는 부득이 참석을 못했지만, 이미 그는 모든 것을 신께 드린 젊고 다감한 구도자, 영과 육, 고뇌와 법열을 언제나 한 편의 서정시로 표상해 이미 두 권의 시집을 내놓았을 만큼 그는 특이한 개성의 서정 시인이기도 하다.

미리 양해를 구할 겨를이 없이 이 사실을 공개함에 있어, 그의 실명實名을 밝히지 않는 것으로써 책망에 대한 변명을 대신한다.

메리 크리스마스
— 델 프라도 선생님께

✠ 찬미 예수

이 글을 쓰기 위해 촛불을 밝혔습니다.

존경하올 델 프라도 선생님, 안녕하시온지요? 진작 소식 드리지 못하고 있다가 늘 성탄 전후에야 뒤늦은 인사를 챙겨 보내는 저를 용서하십시오.

초록의 여름나라인 필리핀에선 좀처럼 보기 어려운 샛노란 은행잎과 새빨간 단풍잎으로 만든 카드를 선생님께 보내 드립니다. 한때는 싱싱한 초록으로 나무에 매달려 있다가 가을이 되면서 떨어진 이런 나뭇잎들을 저는 얼마나 큰 기쁨을 가지고 많이 모아 두었는지요. 아주 어릴 적부터 지금까지 저는 낙엽에 애착해서 이렇게 카드를 만들기도 하고, 시도 쓰면서 은밀한 즐거움을 누린답니다.

바기오엔 지금쯤 크리스마스꽃이라 불리는 빨간 포인세티아가 집집마다 한창이겠지요? 한국에선 화분 안에서나 겨우 볼 수 있는 그 꽃들이 큰 나무로 무성한 것을 처음 보았을 땐 얼마나 신기했던지요. 봄·여름·가을·겨울 꽃들이 한꺼번에 어우러져 피어나는 그 전원적인 도시에서, 한국의 것을 닮은 산·소나무·푸른 하늘을 보며 향수를 달래던 기억이 새롭습니다.

'저녁 삼종' 종소리가 울려 퍼지면 차량과 행인들이 일제히 멈춰서며 낯선 이웃끼리도 다정한 인사를 나누던 일, 크리스마스 9일 전부터 새벽미사 드리며 축제의 마음 준비를 하던 일들이 아름답게 살아 옵니다.

그야말로 모범 교육자이며 모범 크리스천으로 이름난 당신을 보고 학생들은 하나같이 "저렇게 빼어난 미인이 어떻게 그럴 수가 있을까?" 하고 입을 모았었지요.

단테·호머·셰익스피어·영시英詩 등의 수업 시간 못지않게, 당신의 그 성실성과 책임감을 통해 저도 많은 것을 배웠습니다. 만삭의 몸으로도 늘 꼿꼿이 서신 채로 수업을 계속했고, 교과서를 지참하지 않은 학생들에겐 '나는 책을 가져오지 않았다' 는 똑같은 말을 백 번이나 벌칙으로 쓰게 하는 지독한 면도 보이셨죠.

선생님의 재직 25주년을 또한 축하드립니다.

항상 염려해 주시는 마음과 기도에 힘입어 저도 건강하게 잘 있습니다.

시간이 지날수록 수도생활의 의미도 새롭게 파악하며, 아침마다 저 자신을 감사한 마음으로 봉헌하곤 합니다. 물론 어려움도 적진 않지만 어려운 요소들이 결코 본질적인 내적 기쁨과 자아 수련에

방해가 되지 않는다는 것을 절감합니다. 많은 것을 받기만 하는 제가 이번 크리스마스 때 예수님께 드릴 선물은 아무리 궁리해 봐도 결국은 저 자신을 오롯한 마음으로 봉헌하는 일인 것 같아요.

매사에 모자람투성이인 저를 위해 계속 기도해 주시겠지요? 특히 크리스마스 자정미사 때 저도 선생님을 기억하겠습니다.

다음 소식 드릴 때까지 평강하심을 빌며, 메리 크리스마스!

1984년 우리 모두의 생일인 성탄절에

클라우디아 수녀 드림

1984. 12 「문학사상」

서품을 축하드리며
— 박청근 신부님께

존경하올 새 사제 베네딕도 님께 첫 강복을 청하며

　어제 오후 강의를 들으러 가는 도중 보내 주신 초청장을 받고는 참으로 기쁜 마음이었습니다.
　오늘은 '성모의 원죄 없으신 잉태' 축일, 바로 서품식 날이군요. 지금이 10시 10분 전, 잠시 후면 제단에 오르실 분들을 기억하며 이 글을 씁니다.
　춘천 죽림동 성당엔 지금 많은 사람들로 가득 차 있겠지요. 직접 그곳에 참석할 수 있다면 매우 기쁘겠지만 그리할 수 없는 마음, 그 대신 오늘 종일을 기도 속에 있으려 해요.
　지난번 수유리에서 보내 주신 제 어머니의 회갑 사진들을 통하여 신부님도 뵈올 수 있어 감사하고 반가웠어요. 큰고모님도, 종률 오빠도 여전하신 것 같았습니다.
　참, 제가 지난번 학교로 부친 카드는 받으셨는지요?

새로 지었다는 대신학교도 어서 보고 싶군요.

얼마쯤 힘이 들고 생활이 고되게도 느껴지던 지난 한 학기를 무사히 끝냈고, 성적도 꽤 잘 받아서 좋았어요. 지금은 2학년에 들어선 셈인데, 모쪼록 무사히 끝내고 돌아갈 수 있기를 새 신부님께 기도 청하고 싶어집니다. 꼭 그럴 일이 있어서 그러는데요. 하지만 제 성소가 흔들리는 위험을 당하고 있진 않습니다.

박영근 신부님도 안녕하시리라 믿고, 두 사제를 키우신 부모님들께도 정말 많은 축하 인사를 드리고 싶군요.

노란 산해바라기들이 곱게 피어 있는 여기 바기오의 산길을 돌아 돌아 오늘은 저도 한국에 있겠습니다. 어쩌면 산길보다 더 먼 길을 가실 신부님께 서툰 긴 얘긴 않더라도 먼 데서도 더 가까울 수 있는 제 마음의 인사를 그리고 축하를 드리겠어요.

하느님의 사랑 안에 언제나 건강하시고 기쁘시기를 기원해요. 성탄과 새해의 인사도 함께 드리며, 차지만 뜨겁기도 한 '구름'의 미소와 사랑을 드립니다. 안녕!

늘 기도 안에서

1972. 12. 8
클라우디아 수녀 드림

가신 이에게

— 고 박청근 신부님 영전에

신부님

당신의 야윈 몸을 죽음이 업고 떠나던 그날은
몹시 외롭지 않았습니까?
만 39년의 젊은 생애가 아픔의 피 흘리며
이승의 터널을 조용히 빠져 나갈 때
당신도 우리처럼 슬펐습니까?

우리들의 문병도 아직 끝나지 않았는데
그렇게 서둘러 길을 가시다니 —
진달래 꽃망울보다 더 빨리 터져 버린
이별의 슬픔을 알게 하신 이여

살아서는 바위처럼 무겁게 말이 없던 당신이

떠나서는 구름처럼 가볍게 말을 건네 오십니까?
당신을 알던 이들은 모두 그 깊은 목소리를
생전보다 더 가까이 듣고 있다니요

3월의 흙 속에 당신이 묻히던 날
바람은 멎었지만 눈물은 멎지 않았습니다
10년을 단숨에 태워 버린 사제로서의 삶이
슬프도록 아름답고 성실해서
당신의 양들은 목놓아 울었습니다
어머니와 형제들과 친구들은
평소에 더 드리지 못한 사랑의 한(恨)을
가슴으로 풀어내며 곡(哭)했습니다
시들어 갈 꽃 대신
영혼들이 피워 낸 눈물의 꽃으로
무덤을 덮어 놓고
우리는 또 살기 위해 집으로 왔습니다
살기 위해 더러는 당신을 잊더라도
용서해 주십시오, 신부님

한 번의 연도(煉禱)만도 못한 이 엽서를
바람에 띄워 보내는 어리석음도
아직은 제가 살아 있는 탓이겠지요, 신부님

이제는 영원한 고향에서 편히 쉬십시오
일손을 너무 빨리 놓아서 적적하진 않으십니까?

다시는 농담도 할 수 없게 되었지만
하늘로 이어지는 기도의 시작이니
우리들의 만남 또한 새로운 것임을 믿겠습니다
그래서 당신을 죽었다고 하지 않고
떠났다고 말하렵니다, 신부님
언젠가 다시 만날 환희의 그날까지
부디 평안하시길 비오며, 안녕

과장된 표현은 원래 싫어하시니
꼭 한마디만 덧붙이렵니다
"춘천은 온통 눈물의 바다
떠나면서 더욱 많은 사랑을
한몸에 받으신 이여"라고

1983. 4 「가톨릭신문」

이 아프고도 아름다운 멍에를
— 나의 시를 읽는 독자들께

나는 어린 시절부터 늘 시를 가까이했지만 시인이 되겠다는 마음을 일부러 지어먹은 적은 없었습니다. 다만 남이 써 놓은 시를 읽는 기쁨이 컸고, 간혹 혼자서 습작해 보는 일이 즐거웠습니다.

내가 열심히 써 간 「봄」이란 동시를 "누가 써 준 것임에 틀림없지?"라고 호통치시던 5학년 때의 담임선생님, 「달밤의 소녀」란 서투른 시를 '문학의 밤'에서 읽기도 했던 중학생 시절 많은 격려를 해 주셨던 임영무 선생님, 그리고 '내일의 규수 시인'이라며 「산맥」이란 시를 축하해 주시던 여고 시절의 홍성문 선생님 — 모두가 잊을 수 없는 분들이십니다.

시가 좋아서 자기 나름대로 시를 쓰는 이들이 다 시인일 수 있다면 나도 시인이지만, 만약 어떤 특정한 형식이나 과정, 뛰어난 기법을 자격으로 따진다면 나는 시인일 수 없다는 생각이 듭니다. 그래서 남들이 나를 그냥 시인이라고 하면 퍽도 거북살스럽고, '수녀 시인'이라고 불러 주면 그래도 좀 편안합니다. 수도자는 모두 다 시인이라는 생각을 자주 하기 때문일까요? 하루에 네 번은 꼭 구약의 시편으로 기도를 바치는 삶 자체가 너무도 시적인 것 같습니다.

되풀이해서 읽는 시가 늘 새로울 때마다 시는 시공을 초월한 가장 우주적이며 영원한 영가靈歌임을 절감합니다.

다른 시인들의 작품을 읽으면 다 제대로 핀 꽃 같은데 나의 작품은 꽃이라고도 할 수 없는 잡풀처럼 느껴질 때가 허다했지요. 그런데도 퍽 많은 분들이 나의 그런 잡풀 같은 시들조차 눈여겨보고, 격려와 사랑을 주실 때의 놀라움은 컸습니다.

보잘것없는 두 권의 시집들이 판을 거듭할 때마다 나는 미지의 독자들이 누군지 무척 궁금했어요. 내 시가 너무 쉽기 때문일까, 수녀라는 특수한 신분에서 씌어진 탓일까, 아니면 미흡하고 설익은 데서 오는 어떤 정겨움 때문일까, 혹은 진실성 때문일까. 시가 읽히는 이유를 나름대로 생각해 보려 했습니다.

시를 쓰는 사람이면 누구나 그러하듯 나 역시 가장 순수하고 진실한 글을 쓰고 싶었습니다. 한 가지 내가 확신을 갖고 말할 수 있는 것은 한 마디의 단어도 거짓말은 하지 못한다는 것입니다. 내 상상과 체험의 한계를 벗어난 어떤 어휘도 나는 쓸 수가 없습니다. 아무리 좋은 것이라도 나의 내면에 와 직접 부딪치지 않은 것은 언어화시키지 못합니다.

시인들은 때로 타인의 체험까지도 시화詩化시켜 감동을 주기도 하는데, 나는 그럴 만한 능력도, 폭과 깊이도 넓이도 지니지 못했습니다. 다만 어디서나 만날 수 있는 작은 들풀이나 민들레처럼 평범하고 소박한 시인으로 자처하고 싶습니다.

흔히들 내 시는 어렵지 않아 좋다는 말을 듣습니다. 맑고 투명한 서정시일 뿐 사상과 문제의식이 결핍되었다는 말도 듣습니다.

아무리 하찮은 시라도 읽는 일보다도 쓰는 일이 더 어렵습니다. 자신이 쓸 때는 힘들게 씌어지되 남에게 읽힐 때는 쉽게 읽혀질 수 있는 그런 시를 쓰고 싶었습니다. 늘 바쁘게 살고 있는 사람들도 좀 더 시와 친하게 지낼 날이 오기를 나는 기도합니다. 많은 시인들이 고뇌하며 쏟아 낸 좋은 시들이 책방에서만 잠자고 있는 일이 늘 안타깝게 여겨집니다.

겸허하고 성실한 자세로 시를 쓰고 싶습니다. 내게 있어 시는 그대로 기도입니다. 불완전한 모습 그대로 내가 하느님께 드릴 수 있는 가장 정직한 찬미와 감사, 참회와 소망의 언어입니다.

시는 끝없이 나를 초대하는 기쁨의 축제입니다. 혼자서만 즐기기 아까워 이웃까지 불러 모으게 하는 풍요한 삶의 축제입니다.

시는 또한 구원의 십자가입니다. 내 스스로 택한 멍에, 스스로 지고 가야 할 아프고도 아름다운 멍에입니다. 시로 인하여 때로는 상처를 받고, 고독과 절망의 늪으로 빠져들어도 시를 포기할 생각은 없습니다. 시가 주는 아픔은 나를 더욱 견실하고 강인한 인간으로 키워 주기 때문입니다.

수녀님, 우리의 작업은 시를 쓰는 것보다는 마지막으로 삶의 그 핵심에서 시를 추구하는 작업이 되어야겠습니다. 하나의 시가 망

가지는 한이 있더라도 더 익혀 두고, 더 묵혀서 어느 날, 인류의 가슴에 불을 당기고 밝히는 하나의 시가 남기를 …. 땅속 깊은 곳으로 가서 더 순수하고 투명한 물을 퍼내십시오. 하느님은 그 아름답고 고독한 작업을 당신에게 맡기셨습니다.

얼마 전에 내 좋은 친구 E가 사랑으로 적어 보낸 글에서 나의 소명을 다시 확인해 보며 나는 오늘도 조심스레 시의 길을 갑니다.

1983. 4 「소설문학」

□ 책 끝에

그동안 틈틈이 신문이나 잡지에 발표했던 조그마한 이야기들을 모아 보았습니다.

한데 모아 놓고 보니 버리기 아까워 모아 둔 제 서랍 속의 몽당연필처럼 소중하고 정다운 느낌도 들지만, 막상 한 권의 책으로 엮어 많은 이 앞에 내놓으려니 부끄럽고 쑥스럽기조차 합니다. 그러나 저의 글을 사랑해 주시고 아껴 주시는 고마운 분들과 마주 앉아 부담 없이 나누는 그런 이야기쯤으로 여겨 주신다면 기쁘겠습니다.

특히 저의 시를 읽고 그동안 많은 편지를 보내 준 젊은이들과 그 밖의 독자들께 이 책을 바치고 싶습니다.

늘 시와 기도의 샘가에서 물을 긷게 도와주시는 하느님, 오늘을 함께 살아가는 수도원 안팎의 형제와 이웃, 그리고 멀리 독일에서 그림을 보내 주신 조광호 신부님, 이 책을 위해 수고해 주신 분도 출판사의 모든 분들께도 깊이 감사드립니다.

1986년 2월 2일, 주님 봉헌 축일에
부산 광안리 성 베네딕도 수녀원에서

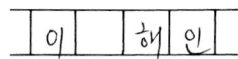